信じろ力

千葉 専大松戸高校野球部監督 持丸修一

竹書房

はじめに

今年4月17日に、72歳の誕生日を迎えた。

まさか、こんな年齢まで監督を続けているとは思ってもいなかった。おそらく、多くの人が高校野球の指導者になりたくて、監督やコーチをやっていると思うが、私の場合は違う。そもそも、学生時代には高校野球をやるかどうかも迷っていた人間で、友達の存在がなければ、野球を続けていなかった。それが、周りの力に恵まれて、竜ヶ崎一の3年夏に甲子園出場。大学4年時にはたまたま、母校から「練習を手伝ってくれ」と声がかかった関係でコーチに就いた。

そこから、茨城の県立高校の教員として、竜ヶ崎一でコーチを4年（1972年4月～1975年8月）、監督を21年（1975年9月～1996年3月）、異動先の藤代で監督を7年（1997年4月～2003年7月）務めたあと、私立の常総学院で4年（2003年9月～2007年8月）、2007年12月1日からは戦いの場を千葉に移し、専修大学松戸で指揮を執っている。

この間、「もう監督を辞めよう」と本気で思ったことが3度ある。書き綴っていた野球ノートも、竜ヶ崎一を辞めたときと専大松戸に移る前に、自宅の庭で2度燃やした。合わせると30冊は超えているだろう。それでも監督を続けてこられたのは、縁とタイミングが重なったからであり、周りの人に恵まれた人生だと、この年齢になって改めて実感する。本当に幸せな人生を送らせてもらっている。

美馬学（藤代出身／ロッテ）、飯田大祐（常総学院出身／オリックス）、上沢直之（専大松戸出身／日本ハム）、高橋礼（専大松戸出身／ソフトバンク）、渡邉大樹（専大松戸出身／ヤクルト）、原嵩（専大松戸出身／ロッテ）、横山陸人（専大松戸出身／ロッテ）と、教え子がプロ野球の世界で頑張ってくれているのも嬉しいことだ。

小川幸男（竜ヶ崎一出身／土浦湖北）、津脇義明（竜ヶ崎一出身／竜ヶ崎一）、川井政平（竜ヶ崎一出身／竜ヶ崎一）、菊地一郎（竜ヶ崎一出身／藤代）ら、指導者として野球に関わる卒業生も多く、同じ世界で甲子園を目指して戦っている。

また、行政の世界で活躍するOBもいて、牛久市長の根本洋治と阿見町長の千葉繁は竜ヶ崎一時代の教え子になる。高校時代の関係そのままに「オイ！」なんて呼ぶと、私が周りから怒られてしまうぐらい偉くなった。市民のため町民のために働いている姿を見ると、「立派になったな」としみじみ思う。

ありがたいことに、指導した4校すべてで甲子園に出場することができた。春2回、夏5回出場し、通算成績は4勝7敗。聞くところによると、4校での甲子園出場は、蒲原弘幸さん（佐賀商、千葉商、印旛、柏陵）に次いで2人目だそうだ。

なぜ、すべての学校を甲子園に導くことができたのか――。

これが、本書の大きなテーマとなる。読者のみなさんも、興味を持つところであろう。

じつは、書籍の出版にあたっては、以前にも何度かお話をいただいたことがあったのだが、なかなか決心がつかなかった。自分のことを語るのは好きではないし、過去を振り返るのも性に合わない。世の中に胸を張れるような、人生訓や技術論も持ち合わせていない。高校野球の監督の書籍を何冊か読ませてもらったことがあるが、みなさん立派なことを書かれていて、「おれにはここまでは無理だ」とも思っていた。

それでも、今回このような形で出版を決めたのは、70歳を過ぎたこともあり、これまでの人生を振り返りながら、何かひとつでも現場の指導者が参考になるような話を伝えられたらと思ったからだ。長くやっている分、数えきれないほどの敗戦を経験し、苦い失敗や後悔もある。公立2校、私立2校を率いたことで、公立と私立の違いや、茨城と千葉の高校野球の特徴についても語ることができる。

「4校で甲子園出場」という実績から、周りからは「すごいですね」と声をかけていただくのだが、私自身はそんなことはまったく思っていない。すごいのは子どもたちであって、そこにOB、保護者、学校、地域の後押しが加わり、甲子園の舞台に立つことができたのだ。私はそのサポートをしたに過ぎない。きれいごとではなく、心の底からそう思っている。

若い頃は、「おれが勝ちたい。おれが甲子園に行きたいんだ」と、自分の欲が前面に出ていたが、竜ヶ崎一時代にひとりのコーチと出会ってから、その考えが少しずつなくなっていった。野球をやるのは子どもたちであり、練習をするのも子どもたち。監督がいくら頑張ろうとも、子どもたちが自ら前向きに取り組んでくれなければ、強くはなれない。世間的には、「持丸はピッチャーを育てるのがうまい」と言われているようだが、〝育てる〟というほど傲慢な言葉はない。選手が自らうまくなろうとして努力した結果、彼ら自身の力で育っていったのだ。

もちろん、心や技を伸ばすために、さまざまな話をしたり、練習メニューを考えたり、ときには突き放したりもするのだが、根底には「高校野球は子どもがやるもの」という信念がある。監督が野球をやりすぎてはいけない。

言い換えれば、「子ども本位」ということだ。その考えを持つようになってから、選手たちのことを信じるようになった。練習でも試合でも、彼らのことを信じる。2015年夏に専大松戸で甲子園初出場を果たしたときは、細かいサインをほとんど出さず、千葉大会を勝ち抜くことができた。決勝戦、7回表まで習志野に0対3とリードされていても、不思議と追い込まれている感じはしなかった。子どものことを信頼して、さまざまなことを任せる。それが、監督としてどれだけ幸せなことなのか、身を持って感じることができた。

もちろん、勝負事だから全力で戦ったすえに負けることもある。というよりも、負けることのほうが圧倒的に多い。夏の大会で最後までひとつも負けずに勝ち続けるチームは、日本一の学校しかないわけだ。「負けてもいい」なんてことは言わないが、負けることにも意味があると思っている。勝ったり負けたりする中で、生きていくために大事なことを学んでいけるのだ。

しかし――、今年に関してはこれまでと違う1年になった。世界中を震撼させた新型コロナウイルスの影響により、春に続いて夏の甲子園の中止も決まり、3年生は甲子園を目指す場に立てぬまま、最後の夏を終えることになった。甲子園に懸けた想いを間近で見ていただけに、監督としても無念さが残る。

高校3年生の夏は一生に一度しかない。どれだけ高いお金を払っても、失った時間を取り戻すことはできない。こんなことを言うと怒られるかもしれないが、正直な気持ちを明かせば、「勉強はあとからでもできるが、高校野球は今しかできない」と思う。勉強もたしかに大事だ。でも、授業時間だけ先に確保し、部活は後回しというのは、何か違うのではないだろうか。

甲子園中止の報道が出てから、さまざまな識者や指導者が「甲子園がすべてではない」というコメントを残している。私も72歳にもなれば、「甲子園だけが人生じゃない。人生はまだまだ長いよ」と、人生の先輩として言うことはできる。

でもそれは、高校時代に甲子園を目指した戦いを経験し、完全燃焼できたから言えることだ。高校生のうちは、「甲子園がすべて」でいいのではないか。苦しいことも辛いことも、甲子園があるから頑張れる。そして、3年生の夏が終わったあとに、「ここまで努力してきたことは決して無駄ではなかった」と思えればいいのだ。

実際、夏の大会後のミーティングでは、このような言葉をかけている。

「甲子園に行ったから認められる、行けなかったからダメなんてことは絶対にない。それは、野球の結果に過ぎない。勝ったことも負けたことも、すべてが人生の糧になる。目標に向かって取り組んできた過程を大切にして、これからの人生を送ってほしい」

目標の舞台に立てなかった3年生に、大人として何かできないか。

私を専大松戸に誘ってくれた富山尚徳理事長と相談して、3年生21名に甲子園の土を贈ることにした。過去に、監督として出場したときの甲子園の土が自宅にあったので、それを混ぜ合わせて小瓶に詰めた。ひとりひとりに、メッセージも宛てた。5月31日、3か月ぶりに全員が揃ったミーティングで直接、手渡した。

本音を言えば、何の役に立つかはわからない。受け止め方は、選手によって分かれるだろう。それでも、甲子園の土を見たときに、「仲間とともに頑張ってきた3年間がたしかにあった」「あのときの頑張りを思い出せば、何だって乗り越えられる」と少しでも思ってもらえたら、彼らの成長に携わった人間として嬉しく思う。

ただし、同情する気持ちも、慰める気持ちもない。私は同情されるのも、同情するのも嫌いな人間だ。昔、人気ドラマの名セリフに『同情するなら金をくれ！』があったが、本当にそのとおりだと思う。同情されたところで、何かが変わるわけではない。どれだけ気持ちに寄り添っても、そこから歩き出すのは自分次第だ。良いも悪いも、やるもやらないも、最後に決めるのは自分しかいないのだ。5月31日には、こんな話をした。

「甲子園を目指せなかったという経験を、10年後、20年後の人生にどうやってつなげていけるか。この経験がプラスになるか、あるいはマイナスになるか。ここから頑張れるかどうかは、あなたたち次第だから」

冷たい言い方に聞こえるかもしれないが、これが本心である。大人が「甲子園がなくなってかわいそう」といくら思っても、失ったものを100パーセント埋めてやることなどできない。それに、周りから「かわいそう」と思われることも、高校生にとっては逆に辛いことではないだろうか。

千葉県高野連の尽力によって、8月に代替大会が開催される予定だ。3年生主体で本気で勝ちにいくかどうか、子どもらの意思を尊重したい。せっかく戦うのなら、代替大会で得た経験を次のステージにつなげてほしいと願う。

私は、年齢を重ねるたびに思うことがある。

「高校野球は、甲子園出場という高い目標に向かいながら、人間を磨く場である」

野球という競技が、ほかのスポーツと大きく違うのは、人が得点になるということだ。竜ヶ崎一を率いていたときに、親しい同級生から「お前知っているか？」と言われて、「たしかにそのとおりだな」と感じるところがあった。

バスケットボールやバレーボールはボールが得点になるけど、野球はホームランを打ったとしても、人がベースを踏まなければ得点にはならない。巨人のスーパースター長嶋茂雄さんのようにベースを踏み忘れてしまえば、ホームランは取り消しになるのだ。守備であっても、内野手がファーストにどれだけいい球を投げても、ファーストが捕球しなければ、アウトは成立しない。だからこそ、野球は人間性が出るスポーツだと思うのだ。人間を磨かなければいけない。勝つためには技術や体力も必要であるが、それだけでは勝てないのが高校野球の面白いところであり、難しいところともいえるだろう。

本書では、竜ヶ崎一、藤代、常総学院、専大松戸におけるチーム作りを振り返りながら、高校生の心を育むために実践してきた指導法や、生きるうえで大事にしてきた格言や考え方を紹介していきたい。若い人たちからすれば「時代が違う話でしょう」と感じることもあるかもしれないが、長く生きてきた年長者の言葉として、受け止めてもらえるとありがたく思う。

信じる力

目次

第2章 木内幸男に挑み続けた地元・茨城での戦い

竜ヶ崎一時代

藤代時代

常総学院時代

第3章 「信じる力」でつかんだ4校目の甲子園

第4章 選手育成論 〝育てる〟のではなく〝育つ〟

第5章 充実した日々を送るための「人生訓」

第1章

出会いに恵まれた72年の人生

袖振り合うも多生の縁――出会いで人生は変わる

72年の人生を改めて振り返ってみたとき、真っ先に頭に浮かんだのが、お世話になった人たちの顔である。周りの人に恵まれた人生だったと、心の底から思う。

「人はひとりでは生きられない」と昔から言われるが、本当にそのとおりだ。自分ひとりの力なんて、たいしたことはない。困ったときに手助けをしてくれる人、人生の歩き方を教えてくれる人、勝負の厳しさを教えてくれる人、指導者としての至らなさを教えてくれる子どもたち……、さまざまな人から、生きるための言葉や姿勢を学んできた。それはときに、反面教師になることもあったが、多くの人の生き方を見られたことが、持丸修一という人間を作ることにつながったのは間違いない。

子どもたちによく伝えている言葉に『袖振り合うも多生の縁』がある。竜ヶ崎一の監督時代から、ことわざや格言を使ったほうが頭に残りやすいと思い、あえて少し難しい言葉を使うようにしてきた。

「〝たしょう〟ってどうやって書くかわかるか?」なんて聞くのだが、自信を持って答えられる子はほぼいない。だいたいの子が、「多少」が頭に浮かぶようだ。「多生」は、仏教用語で「何度も生まれ変わる=輪廻転生」を表している。もともと私自身も知っていたわけではなく、本を読んだり、人から聞いたりして学んできた。それを忘れないようにして、ノートに書き溜めている。

ことわざの意味は「知らない人と道で袖が触れ合うようなちょっとしたことも、前世からの深い縁である」。平たく言えば、学校や野球部で出会った仲間を大切にしましょう、ということだ。これは社会に出ても同じことで、よく知られている『一期一会』にも通じる言葉だろう。

人は、出会いによって変わる。いつどこで、誰と出会ったか。そして、その出会いをどのように生かしていったか。私は、その縁とタイミングに本当に恵まれていたと思う。人生でもっとも誇れることだと言っても、過言ではないだろう。

この第1章では、「出会い」にテーマを置きながら、指導者として大事にしていることを語っていきたい。

野球の道に導いてくれたひとりの同級生

私を野球の道に導いてくれたのが、斉藤照男というひとりの同級生だ。

もう60年以上も前の話になるので、覚えていることのほうが少ないのだが、野球との関わりで記憶に残っているのは、自宅近くにある原っぱや田んぼ、それに水神神社で斉藤を含めた友達と遊んでいたことだ。たしか、小学校低学年の頃だっただろうか。木を削った棒をバットに見立ててボールを打つ。境内の近くに大きな銀杏の木が立っていて、「あの木を狙えば、誰にも捕られない！」と、意識的に狙い打っていた。子どもの頃はそれが楽しくてやっていただけなのだが、あとから振り返ってみると、遊びの中でバットコントロールが自然と身についたのかもしれない。

私の時代は、男の子は野球をやるのが当たり前で、サッカーの「サ」の字も知らずに育った。学校が終わったらすぐに神社や小学校の校庭に行き、ほとんど家にいなかった。野球以外にはベーゴマをしたり、メンコをしたり、ビー玉で遊んだり、テレビゲームなんてない時代だ。

チームに入ったのは小学校5年生からで、はじめはソフトボールだった。地元の藤代中に進んでから、野球部に入部した。スパルタ式の厳しい練習が当たり前で、辞めていく部員も多い。自分が「何で最後まで残ったのだろう?」と考えると、斉藤の存在が思い当たる。

ソフトボールを始めてから続く話だが、性格上、決められた時間にグラウンドに行って、決められた時間に終わることがどうも好きではなかった。まぁ、勝手な人間だったのだ。友達と遊んでいるときは、好きな時間に好きなだけ野球ができるのが楽しかったのだが、チームに入るとそうはいかない。そのときに、「練習行くぞー」と家まで来てくれたのが斉藤だった。「今日は休もうかな」と家でのんびりしているときに、電話をくれたこともあった。彼がいなければ、私は野球を続けていられなかっただろう。

高校は、地元の伝統校・竜ヶ崎一へ進んだ。野球をやるために選んだのではなく、文武両道の進学校で学校自体に魅力があったからだ。そもそも、高校で野球をやることを決めかねていて、甲子園に対する強い目標もそこまで持っていなかった。

野球を続けようと思ったのは、これもまた斉藤の存在が大きい。藤代中で一緒にプレーしていたメンバーが、当初は取手二に進む予定だったが、最終的に竜ヶ崎一に集まってきたのだ。そこで「モチ、野球やるぞ」と誘われて、何となく野球部に入った。高校3年時には、斉藤がキャプテンとしてチームを引っ張ってくれて、44年ぶりに夏の選手権大会（甲子園）に出場することができた。

こんな人間がそのあと4校で監督を務め、甲子園にも出場するのだから、本当にわからないものだ。野球がこれほどまでに人生を左右するものになるとは、想像すらしていなかった。野球に導いてくれた斉藤には感謝しかない。

斉藤とは、今もよく連絡を取り合っている。以前に「お前、新聞記事読んだか？」と電話がかかってきた。スポーツ新聞に、4校で甲子園に出場した監督として、蒲原さんのことが大きく取り上げられていたそうだ。そこに、持丸のことが書かれていないことに怒っているようだった。「蒲原さんだけじゃなくて、お前もいるだろうってんだよな！」。当の本人はまったく何も思っていないのだが、周りにこういう同級生がいるだけで幸せに思う。

大学時代に出会ったのちの名投手コーチ・小谷正勝氏

高校卒業後、先輩からの紹介によって、國學院大学に進んだ。大学で野球を続けるほどの意欲も実力もなかったので、高校で野球を辞めるつもりだったのだが、これもまた人の縁に恵まれたのだろう。

國學院大は東都大学リーグの二部でありながら、200名くらいの部員が在籍していたようだ。ただ、聞いた話ではあるが、そのうちの半分以上が幽霊部員で、実際にグラウンドに出てきていたのは90人くらいだった。

正直に書けば、4年間であまりいい思い出はない。リーグ戦出場経験はゼロ。それどころか、練習に出ていない時期もあった。いろいろとうまくいかないことがあったのだ。人間誰しも、振り返りたくない過去があるものだろう。

その中でも、先輩には恵まれた。厳しい上下関係が当たり前の時代でありながらも、1年生のときに殴られたことは一度もない。特にお世話になったのが、のちにプロ野球に入り、引退後は名投手コーチとして名を馳せる小谷正勝さん（明石高〜國学院大〜大洋／元巨人投手コーチなど）である。上級生からの説教がある日でもお構いなく、4年生の小谷さんが「あとで、おれと出かけるぞ」と連れ出してくれて、説教を逃れていた。ほかの同級生たちには申し訳ないなと思いながら、私は運転手として小谷さんと一緒に出かけたりしたものだ。

その小谷さんのおかげで、高橋善正さん（高知商〜中央大〜東映〜巨人）はじめ、さまざまな人と交流を持てるようにもなった。野球のほうでは活躍できなかったが、交流関係が広がったことが、大学まで野球を続けた一番の収穫だったと思う。

小谷さんはピッチングコーチになってから「教えすぎないことが教え。あまり教えすぎると、ピッチャーはダメになる」と話していて、私もその考えに影響を受けている。だから、ピッチングフォームをいじることはほとんどない。指導するにしても、「こうやってみたらどうだ？」という話し方で、強制はしない。

冷静に考えてみたら誰もがわかることだと思うが、人間はひとりひとり、体の強さも違えば、筋肉量も柔軟性も違う。「絶対にこうだ！」という正解など存在しないと思うのだ。もし、その正解があれば、ほとんどの高校生がプロ野球選手になっているのではないだろうか。でも、現実はそうではない。

私が一番大事にしているのは本人の感覚で、自分的には特に〝指のかかり〟を重要視している。ボールをリリースするときに、指がボールにかかっているかどうか。これは、ご飯を食べたときにひとりひとりの味覚が違うように、指にかかった感覚は本人にしかわからない。トレーニングでは、ヒザの筋力を鍛えるために坂道ダッシュを重点的に繰り返す。竜ヶ崎一時代から今でも続けている練習法であり、専大松戸では右中間の奥にわざわざダッシュ用の坂道を作った。このあたりのピッチャー指導については、第4章を読んでいただければと思う。

恩師からの誘いで
まったく興味がなかった指導者の道へ

野球の道に導いてくれたのが斉藤であれば、指導者の世界に導いてくれたのは高校時代の恩師・菅原進監督だ。大学4年に進級する頃、私が大学でうまくいっていない情報を聞きつけたのか、「お前、そんなんだったら、こっちに来て、うちの練習を手伝え」

と声をかけてくれたのだ。

でも、指導者にはまったく興味がなかった。「指導者で甲子園に行く」なんてことは、微塵も考えたことがない。現に、4年生になるときには沖縄の新聞社から採用に関する話があり、「沖縄で働くのも悪くないなぁ」と漠然と思ってもいたのだ。決して記者に興味があったわけではないが、沖縄と聞くだけで少し胸が躍る自分がいた。

しかし、恩師からの誘いを断ることはできない。このとき「教員免許も取っておけ」と言われ、4年時に慌てて教職課程を受けるようになった。とはいえ、必要な単位がすべて取得できるわけはなく、大学卒業後1年間は聴講生として授業を受け、教育実習にも行き、何とか教員免許を取得することができた。

この頃お世話になったのが、あとで出てくる樫原孝秀さんの同級生で、調布リトルにも出入りしていた山本征さんだ。山本さんには、本当によくしていただいた。

私が取った教科は日本史だった。中学生の頃から歴史が好きで、中学の県の教研テストでは、まずまず良い成績を取っていた。歴史を学ぶのが面白かったのだ。特に、源氏、平氏、藤原氏を中心に権力を争った、奈良時代から平安時代の流れが好きだった。すべてにおいて流れがあり、理にかなっている。永遠に勝ち続ける者がいないのも、何だか面白い。どんなに強い一族であっても、長い歴史で見れば、実権を握る期間はわずかしかない。『平家物語』の「おごれる人も久しからず」のとおりだ。

これを高校野球にあてはめて考えてみると……、30年も40年もずっと強い学校は一握りしかない。県立であれば監督の異動、私立であれば学園の方針転換によって、野球部を取り巻く環境が変わる。どんな世界であっても、勝ち続けることは難しい。

日本史が好きだったことは、教員になってから大いに役立った。竜ヶ崎一は進学校であり、生徒が教員に求めるレベルも高い。野球部の指導者である前に、ひとりの教員として認められなければ、生徒からなめられてしまうと思っていた。だから、コーチになった頃は、日本史の教科書を一冊丸々暗記するぐらい授業の準備をして、わからないことがあれば、ほかの先生を質問攻めにしていた。もともと好きなことなので、学ぶことはさほど苦ではなかった。『好きこそものの上手なれ』ということわざがあるが、まさにそのとおりだと思う。

27歳の若さで伝統校の監督に就任

１９７１年、23歳のときに聴講生として勉強しながら、母校のグラウンドに通うようになった。そして、24歳のときに社会科教諭で正式に採用され、竜ヶ崎一野球部コーチの肩書きが付いた。

地元では「竜一」の名で親しまれている竜ヶ崎一は、前身の竜ヶ崎中時代に１９１８年（第2回大会）から１９２２年まで、５年連続で夏の選手権大会に出場した実績を持つ。大正時代の話である。１９１８年は米騒動によって大会が中止になってしまったが、茨城県勢として初めて選手権の出場権を勝ち取ったのが竜ヶ崎中だ。そんな歴史を知るだけでも、学校の伝統と、地域の野球熱を感じてもらえるのではないだろうか。なお、当時は鳴尾球場で大会が開催されていて、本格的に甲子園球場を使うようになったのは１９２４年からになる。

指導者には興味がなかったが、コーチという役割は思った以上にやりがいがあった。

実際にやってみて、初めて気づいたことだ。野球が好きな子どもたちと一緒になって汗をかくことで、目の前にいる選手が成長していく。勝つこと以上に、選手の成長を間近で見られることが嬉しかった。

年齢が近い「兄貴分」のような存在であったためか、選手と近い距離でコミュニケーションを取ることができ、ときには選手の本音を聞くこともできた。たとえば「監督はああ言っているけど、自分は違うと思うんですよね」と言ってくる選手もいた。立場上、「そうだよな」と同調することはさすがにできなかったが、選手の想いにも耳を傾ける大事さを知ることができた。

1975年には、コーチとして夏の甲子園に出場した。初戦で浜松商（静岡）に敗れはしたが、選手でもコーチでも甲子園の土を踏めるなんて、本当に幸せ者だ。

しかし、苦しんだのはここからだ。さまざまな事情が絡んだのだが、1975年夏の甲子園のあと、菅原監督が退任して私が監督に就いた。27歳になった年だ。伝統校を率いる年齢としては、間違いなく若い部類に入るだろう。以前から「菅原さんのあとは、持丸がやるからな」と周りから言われてはいたのだが、まさかこのタイミングで来るとは思ってもいなかった。しかも、甲子園に出場した直後のチームだ。普通なら、監督が交代することはまずない。

「コーチ」は好きだが「監督」は苦手

「苦しんだ」というのは、決して伝統校を率いるプレッシャーが重荷になったわけではない。根本的な問題として、私は監督という立場にあまり興味を持っていなかったのだ。コーチは、選手ひとりひとりを伸ばしていくことに力を注ぐことができるが、監督になると、選手起用を考えたり、采配に頭をめぐらせたりしなければいけない。「おれの代打策が当たった」「おれの采配で勝つことができた」と喜びに浸る監督もいるのだろうが、私にはそういう欲がまったくなかった。

じつは、この気持ちは今もほとんど変わっていない。夏の大会になると、テレビ局の依頼で勝利監督インタビューを受けることがあるが、すべて断りたいぐらいだ。決して私の采配で勝ったわけではないのだから、戦った選手に聞いてほしいといつも思う。

また、自分自身が望んでいなかったとしても、勝ち負けで指導力が評価されてしまうことも、監督に気持ちが向かない理由のひとつだった。特に、伝統校や強豪校を指揮するとなると、甲子園に行ったか行けなかったかが評価の対象になる。私自身は高校生がやる野球なのだから、「結果よりも重要なことがある！」と思っているのだが、当然ながら、人にはいろいろな考えがある。

言うまでもなく、〝勝利〟を目指すのは大事なことだ。でも、〝勝利だけ〟を目指すのは違うのではないか。若い頃から、その想いを持っていた。監督になってから、「おれは野球が好きなのか？」「監督に向いているのか？」と自問自答する日々が続いた。

私は試合よりも、練習が好きな人間だ。できることなら、ずっと練習をやっていたい。それゆえに、コーチ業にはやりがいがあったのだと思う。練習は、選手ひとりひとりがうまくなっていく姿がよくわかり、それを見ているのが嬉しい。「もっとうまくなるんじゃないか」とワクワクする。だから、試合のない冬が楽しみになる。実戦での経験値を高めるために、紅白戦をやることももちろんあるが、本当はひたすら練習をするほうが性には合っている。

私は車を運転するのが好きで、72歳になった今も自分で運転して、自宅から松戸市にあるグラウンドまで1時間かけて通っている。ハンドルを握りながら、「今日はこんな練習をしてみるか」「昨日はあいつにあんな言葉をかけたけど、今日はどんな動きを見せてくれるか」などと、選手ひとりひとりの顔を思い浮かべながら、グラウンドに向かう時間がたまらなく幸せだ。そのたびに「やっぱり、おれは練習が好きなんだな」と再確認している。

おそらく、たいていの監督は「勝負が好き」と考えているのではないだろうか。〝勝負師〟なんて言葉もあるが、私の生き方とは対極にある。今でも公式戦、特に夏の試合前には怖さを感じる。負けることへの怖さ、負けることで子どもたちの目標を奪ってしまうことへの怖さ……、これは監督を辞めるまで消えない感情だろう。指揮官がこんな考えだから、勝ちきれない試合が多いことは自分でもわかっている。でも、それが持丸修一の戦い方でもあるのだ。

解任騒動を封じ込める県大会準優勝

監督になってからは、なかなか結果が出なかった。

就任直後、1975年秋の大会でベスト8にまで勝ち進むが、1977年夏には再び準々決勝で敗戦。そして、新チームは秋の準々決勝（●1対2太田一）、春の準決勝（●3対4取手二）、夏の4回戦（●2対3日立工）と、すべて1点差負け。この代は、エースの岡田邦彦と小川幸男のバッテリーが安定していた。岡田は駒沢大から日本石油に進み、1986年の都市対抗野球で優勝し、橋戸賞を受賞。小川は土浦湖北の監督を務め、2004年には須田幸太（早稲田大〜JFE東日本〜横浜〜JFE東日本）を擁して、センバツ甲子園に出場した。

目指していたのは、ピッチャーを中心とした守り勝つ野球だ。守備を鍛え上げ、2対1や3対2で勝つ。思い描いたように、ロースコアの展開には持ち込めるのだが、どうしても勝ちきれなかった。

ここまで接戦を落とすとなると、監督の力量不足と見られても仕方がない。この頃から、「持丸はそろそろ辞めたほうがいい」という話が、一部のOBから聞こえてくるようになった。就任3年目を迎えた頃だ。若い監督には言いやすかったのだろう。OB総会で突き上げられたこともある。根も葉もない噂話まで広がるようになり、なかなか大変な時期だった。のちに、女房が「あなた、よくノイローゼにならなかったわね」と言うぐらい、ザワザワした日々が続いた。このときに嬉しかったのは、「持丸が言うことも聞いてやってくれ」と味方に付いてくれた同級生や先輩がいたことだ。そしてそのおかげで、実際に監督生活が延びることとなった。

ただ、結果が出ていないのは事実である。伝統校ゆえに、甲子園出場を期待しているOBがたくさんいるのも、十分に理解していた。私は「あと1年やって、それで結果が出なかったら、監督を辞めよう」と決意した。

迎えた新チーム。タイミングの悪いことに、これがまた力のないチームだった。秋は県南地区大会で敗れると、春も県南地区大会で敗戦。秋春ともに県大会にすら出場できないという状態で、最後の夏を迎えることになった。

ところが、高校生の力とはわからないものである。初戦からバッテリーを中心にした守りが頑張ってくれて、2回戦から準々決勝まで4試合連続零封勝ち。さらに、準決勝で土浦日大を下して、監督として初めて決勝に勝ち進んだ。決勝では、同じように快進撃を見せていた明野に2対3で敗れたが、持てる力を出し切った戦いだった。

このときに思ったのは、勝ち上がるために必要なのは個々の能力だけではない、ということだ。速い球を投げる、遠くに飛ばす、足が速い……といった能力は、たしかにないよりはあったほうがいい。でも、高校生の場合、それが勝敗に直結するかとなるとそうとも言い切れない。ましてや夏のトーナメントは6試合、7試合勝ち続けなければいけない。能力だけではない何か——たとえば、チーム一丸となって戦う気持ち、大会中の勢い、監督と選手の信頼感など、さまざまなことが勝敗に影響することを実感した。この準優勝を機に、監督交代問題は一切出てこなくなった。

当時の練習は、今思い返してみると、むちゃくちゃなことをやっていた。もう、人前で話すのが恥ずかしいぐらい苦い思い出だ。本当に、恥ずかしい。日曜は朝から晩まで練習するのは当たり前だが、長時間の正座を命じるなどペナルティも強いていた。それが精神力を鍛えると思っていたからだ。目に見えない「根性」を鍛えようとして、必死になって戦っていた。

竜ヶ崎一と藤代を率いていたときは、周りから〝鬼の持丸〟と言われていた時代でもあり、手をあげたこともある。「このチームを強くするには、この選手を厳しく叱らなければいけない」という気持ちでやっていた。あの頃の教え子には、「監督さん、むちゃくちゃでしたよ」と言われることもあり、本当に申し訳なく思う。ただ、むちゃくちゃやっていた時代の教え子ほど、今も付き合いが深い。専大松戸のグラウンドに遊びに来ると、「監督さん、優しすぎますよ！」なんて偉そうなことを言ってくるのだが、歳を重ねれば、さすがに時代とともに考えも変わってくるものだ。というよりも、変わっていかなければ、時代の流れに対応できないだろう。

指導者人生を変えたコーチの金言
――選手を使ったのは誰なんだ？

私はテレビが好きで、女房と一緒にクイズ番組を楽しみ、NHKで放送されるようなドキュメンタリー番組も見たりしている。ドキュメンタリーを見ると、周りにいる誰かの言葉によって、その後の人生が変わったという場面によく出会う。「人生のターニングポイント」と言えば、わかりやすいだろうか。きっと誰の人生にも、そういった場面があるはずだ。

私にも、指導者人生を大きく左右する言葉があった。どういう信念で、チームを作っていけばいいのか、子どもたちにアプローチしていけばいいのか。あの言葉で、進むべき道がはっきりと見えたように思う。

「おめぇよ、あの選手はバントができねぇとか、あいつが打てばとか言うけど、その選手を使ったのは誰なんだ？　育てたのは誰なんだ？　よーく考えてみろ」

竜ヶ崎一のコーチとして、チーム作りをサポートしてくれていた樫原孝秀さんの言葉である。コーチに就いたのが1980年の頃。そこから3～4年ほど、チームを見てもらっていた。前述した監督解任騒動が静まったあと、「持丸、いろいろ悪かったな。これからは、力になってやるから」と、自らコーチを買って出てくれたのだ。仕事をしながら、土日だけでなく平日も来てくれていた。

樫原さんとの出会いがなければ、監督として甲子園に出場することはできなかっただろう。大げさな表現ではなく、本当にそう思っている。それぐらい大きな存在であり、さまざまな言葉を授けてくれた。9歳上の先輩ではあるが、上から目線で偉そうに言うのではなく、日常会話の中で「なるほど」と思うことが数多くあったのだ。

樫原さんは竜ヶ崎一のOBで、日本コロムビアで四番を打っていた強打者だ。日本コロムビアは神奈川県川崎市を本拠地として活動していた社会人野球の強豪で、都市対抗野球に17度出場し、2度の準優勝の実績を持つ。残念ながら、1971年に廃部してしまったが、社会人野球で一時代を築いた。プロ野球のスカウトとして辣腕を発揮した根本陸夫さん（元福岡ダイエーなど）ら、何人もの選手をプロに送り出している。

樫原さんから「選手を使ったのは誰なんだ？　育てたのは誰なんだ？」と問われて、返す言葉がなかった。きっと、樫原さんとの何気ない会話の中で、「あいつがバントを決めてくれたら、勝てたのに」というような話をしていたのだと思う。決して選手のせいにしていたつもりはないのだが、樫原さんに指摘を受けてからは、バント失敗も、チャンスで打てないことも、ピッチャーがフォアボールを出すことも、すべては「監督の責任」と強く思うようになった。試合でバントができないような練習を組んでいるのも、監督にほかならない。

野球をやるのは監督ではなく選手である

樫原さんは、こんな話もしてくれた。

「試合になれば、選手の力を信じるしかない。試合は選手のもの。結果は、子どもらが出す。そこまでに、監督がどれだけ準備をすることができるか。勝つための方法、手段、策略を与えて、自信を持って試合に臨めるようにするのが監督の役割だ」

夏の大会中、ベンチの中で監督があぁだこうだと怒ったところで、何かが劇的に変わるわけではない。そこに至るまでの取り組みが大事であり、「プレイボール！」のコールがかかったら、あとはもう子どもらを信じて、見守るしかないのだ。

野球をやるのは監督ではない。言うまでもなく、プレーをするのは選手である。「監督業が好きではない」と記したとおり、自分の采配や選手起用で勝とうという欲は少ないほうだったからこそ、樫原さんの言葉が胸にスッと染みたところがあったのだと思う。監督という役割に自信を持ち、「おれにはおれのやり方がある」という無意味なプライドを持っていたら、素直に受け入れられなかったかもしれない。

思い返してみれば、決勝で明野に敗れた1979年は、私自身が初めての決勝で「あとひとつで甲子園！」と力んでいたところがあった。監督が野球をやろうとしているうちは勝てない。私がもう少し子どもたちのことを信じて、冷静に試合ができれば、違う結果になった可能性もある。

こうした考えを持つようになってから、劇的に変わったことがひとつある。それは、大事な試合前であっても、寝つきがよくなったことだ。以前は、頭の中で2試合も3試合も戦って、「明日は勝てっかなぁ……」と不安に襲われていた。シュミレーションすればするほど、悪い展開になっていく。それが、ある程度の想定をしたあとには、すぐに眠れるようになった。そこまでにやれる準備はしてきているわけで、あとは選手を信じて戦うしかない。試合に対する怖さが消えたわけではないが、いい意味で「おれが野球をやるわけじゃねぇよ」と思えるようになった。

第2章で詳しく語りたいが、これまで甲子園に出場したチームのことを振り返ると、私が子どもたちのことを信じ切れているときは強い。何の疑いも不安もなく、戦えている。野球に限らずだが、誰かのことを信じられる人生ほど幸せなことはないと思う。家族、同僚、仲間、教え子——、私が信じるだけではなく、相手にも信じてもらえるような生き方をしなければいけない。『信じる者は救われる』とよく言うが、誰かを疑う人生よりは、信じる人生を送りたい。

名将・木内幸男を抜きにしては語れない野球人生

指導者として、もっとも長い付き合いになるのが、今年の7月で89歳を迎えた木内幸男さんだ。木内さんを抜きにして、私の指導者人生を語ることはできない。

取手二、常総学院の監督を務め、春夏20度の甲子園出場を誇り、通算40勝17敗。取手二時代に1984年夏の甲子園を制すると、常総学院に移ってからも2001年春、2003年夏と日本一を成し遂げた。これだけの実績を残した方が、私のすぐそばにいた。私が茨城にいたときは数えきれないほど多くの対戦があり、木内さんに勝てずに甲子園を逃したことが何度もある。

じつは、木内さんとは私が中学生のときに会っていて、声もかけられている。取手二の監督を務めていて、まだ甲子園に出たことがないときだった。

「おめぇ、バッティングいいな。うちに来いよ」

私のバッティングを見て、取手二に誘ってきたのだ。前述したとおり、学業優先で竜ヶ崎一を希望していたため、私はその誘いを断った。だから、今になっても木内さんからは「おめぇは、裏切り者だ」と冗談交じりに言われる。もし取手二を選んでいたら、私の人生はどうなっていたのだろうか。

木内さんとは、指導者になってから深く付き合うようになり、本当にさまざまなことを教えてもらった。私が20代の頃、取手一の田中国重さん、取手二の木内さん、私の恩師である竜ヶ崎一の菅原監督を中心に、野球の勉強会が開かれていて、「若いのを呼ぼう」となったときに声がかかったのが私だった。はじめのうちはドライバーで、同じ宴席に座ることはなく、5時間も6時間も車の中で待っていたこともあった。若い人からしたら信じられないだろうが、そういう時代である。年齢を重ねるにつれて、木内さんとも話ができるようになり、「もっちゃん、もっちゃん」とかわいがってもらった。

木内さんは車の免許を持っていないので、取手二時代には私がドライバーをしていたこともある。車内での野球談議は、幸せな時間だった。2003年夏からは木内さんの誘いを受けて、常総学院の監督も務めた。木内さんを倒すためにチームを作っていた人間が、今度は木内さんが作ったチームを引き継ぐ。漫画やドラマでも、なかなか描けないことだろう。私をよく知る人間からは、「絶対に引き受けないほうがいい」と反対の声ばかり上がっていたが、「茨城の高校野球を引っ張ってきた常総を弱くするわけにはいかない」「私は5年間のつなぎでいい。あとはコーチの佐々木力（現監督）につなぐ」と決めて、監督要請を受諾した。

世間的には、「仲が悪いんじゃないか？」と思われているところもあるようだが、そんなわけはない。昔も今も良好な関係であることを記しておく。

木内マジックとは何か――?

高校野球ファンであれば、「木内マジック」という言葉を一度は聞いたことがあるはずだ。常総学院で勝つようになってから、マスコミの報道とともに広がったと記憶している。私も周りから「木内マジックって何なんですか?」と聞かれることがあるのだが、マジックといっても、決して魔術や魔法があるわけではない。

木内さんが秀でているのは、観察力や洞察力だ。相手の隙を見抜く力はもちろんのこと、「この選手にこのタイミングでスクイズを出せば、成功率が高まる」といったように、確率をできるかぎり高めるための目を持っている。奇策を講じているように思われる人もいるかもしれないが、私は「確率が高い作戦を選んでいる」と思っていた。イチかバチかの策は仕掛けてこない。

木内さんが得意にしていたのが、ダメ押し点をスクイズで取ることだ。たとえば、3

対1の終盤、4点目にスクイズを使ってくる。戦っているほうとしては、精神的にダメージを受ける点の取られ方であり、反撃の戦意を奪われてしまう。この戦い方は、私も参考にするところがあった。

竜ヶ崎一と取手二で戦っていたときは、お互いにスクイズを警戒しながらベンチで駆け引きをしていた。わざと2球連続でピッチドアウトをして、「3球連続で外してくることはないだろう」と木内さんに思わせたところで、3球目もピッチドアウト。これに近いシチュエーションで、取手二のスクイズを防いだこともある。木内さんが常総学院に移ってからもそうだが、選手の能力で太刀打ちしようと思ったら勝負にならない。選手ではなく、ベンチの木内さんと戦っていたと言っても過言ではない。

私が感じるのは、1983年夏に取手二で全国制覇をしたあたりから、木内さんが選手の力を信じて、野球をするようになったことだ。常総学院に移ってから、特にその色が濃くなった。個々の能力が高かったこともあるだろうが、子どもらに野球を任せるようになったことが、常総学院での春夏2度の全国制覇につながったように思う。

選手起用に関しては、調子のいい選手を見極めて使うのがうまかった。これも、観察力だ。いい状態で使うからこそ、試合で結果を残すことができる。結果が出れば、自信につながっていく。自信が生まれれば、練習に対する気持ちの入り方も違ってくる。このような好循環が生まれてくるわけだ。

逆に、結果を出せない選手は、試合の序盤であろうと交代させることが多かった。常総学院の場合は、それだけの選手層が整っていることもあるが、どんどん交代のカードを切る。ほかの監督が真似しようとしても、なかなかできないことだろう。

そういう意味では、勝負師だった。若い頃、木内さんによく言われたのが「監督は遊び人ぐらいがちょうどいい。勝負事をやらないと、勝負勘が磨かれない」。木内さんはゴルフや釣りが好きだったが、私は木内さんの話を聞きながら「勝負事が強かったら、野球も強くなるのか？　そんなことはないだろう！」と、内心では疑っていたところもある。そういう私は、麻雀が好きでよくやっていた。勝負勘が磨かれたのかどうかはよくわからない。

「騙されたふり」ができるのが木内監督の強み

木内さんと深く付き合うようになってから、「これはおれには絶対に真似ができないな」と思ったことがある。教え子の指導者にもよく話していることなのだが、木内さんは生徒に騙されたふりができるのだ。

どういう意味かわかるだろうか?

野球の面でわかりやすい例を挙げれば、送りバントのサインであっても、選手がそれを見落としてヒットを打ったときには、手を叩いて素直に喜ぶことができる。選手が何かウソをついて言い訳をしているとわかっても、それを素直に受け入れる心の広さがある。木内さんの監督としてのすごさはたくさんあるが、一番はここだと思っている。

〝特技〟と表現してもいいかもしれない。

たいていの監督は、送りバントのサインを見落としていたら、「今はバントのサインだろう!」と怒りたくなるものだ。言い逃れしているのがわかったら、「言い訳してんじゃないよ！」と怒るのが普通だろう。怒ったあとには、「何でおれの言うことや考え方が伝わらないのだろう」と悩む指導者がきっと多いと思う。でも、木内さんは違った。生徒がやったことや言ったことを、そのまま受け入れるのだ。

では、どうして騙されたふりができるのか。

これは私の想像になるが、結果を重要視しているからではないか。極端な例になるが、集合時間に遅刻してきて、何か言い訳を口にしたとしても、試合本番で結果を出せばオッケー。選手もそれがわかっているので、必然的に結果を出せる選手が生き残るようになっていく。取手二も常総学院も勝負根性を持った選手が育っていたが、その背景には木内さんの「騙されたふり」が少なからず関係していたように思う。

私にはそれができなかった。決して木内さんのやり方を否定しているわけではないが、「教員」という立場からすると、どうしても教育的観点が先にくる。わかりやすく言えば、取り組みあっての結果であってほしいのだ。「努力してきたことが結果に表れた」というように、取り組みと結果がイコールであるのが望ましい。取り組みが悪いのに、結果だけが出たとなると、本当の意味での力にはならないと思うのだ。

木内さんは、教員ではなく外部指導者で、いわゆる職業監督になる。今は教員監督が増えたが、かつては宇和島東や済美（愛媛）で活躍した上甲正典さんのように、ほかに仕事を持ちながら、監督を務めていた人が多かったように思う。上甲さんは私のひとつ上であり、よくかわいがってもらった。私の母校・竜ヶ崎一も代々、外部指導者が監督を務めていて、教員が監督になったのは私が初めてだったようだ。

木内さんと「人間性と野球」について、こんな会話を交わしたことがある。

「野球で優勝して、結果を出してから、それにふさわしい人間になっていけばいい。勝って有名になれば、周りから見られるようになり、人間が作られていく。負けっぱなしだと誰にも注目されないから、人間が変わっていかない」というのが木内さんの考えであれば、私の考えは「人間的に成長した先に、野球の成長がある」。

たしかに、木内さんの考え方も理解ができる。大舞台で成功する喜びを得た人間は、周りから注目を集めることによって、そのステージにふさわしい人間になろうとしていく。プロ野球選手の中にも、先に結果を出してから、そのあとに人間性が磨かれた選手もきっといるだろう。

当然、車の両輪のように、野球の結果も人間的な成長も両方必要ではあるのだが、まずどちらを重視するかによって、指導のアプローチが変わってくるのではないか。私の場合は、人間的成長が土台になければ、野球もうまくなっていかないと思うタイプの指導者だ。この考えは、常総学院を指揮するようになっても変わらなかった。なぜなら、「じゃあ、野球で結果が出なかったら、その子はどうなるのか」と思うからだ。甲子園で優勝したり、プロに入ったりするような選手であればいいが、それはほんの一握りの確率。全員がそうなるとは限らないだろう。

まさかの「やり直し」があった練習試合

木内さんとは練習試合も何度もしたが、ありえないことが平気で起きていた。後攻の取手二が1回表に5点を失ったとする。そうなると「最初からやり直しでいいか?」と言ってくるのだ。とにかく負けず嫌いの人なので、練習試合であっても勝負にこだわっていた。周りから見れば、どう考えてもアンフェアな行為だが、木内さんのあのキャラクターゆえに許されていたところもあった。

私は実際には体験していないが、「送りバントのやり直し」なんてこともあったと聞く。無死一塁から送りバントを失敗したときに、「もう1回！」と、同じ打者がバッターボックスに入り直して、プレーが始まるという。これも木内さんにしかできないことだが、失敗した直後に同じシチュエーションでやり直せるのは、選手の成長を考えたときには、非常に賢いやり方だと思う。極論を言えば、高い確率で成功体験を得ることができる。しかしながら、ルール無視のことなので、普通の監督では絶対にできないことを付け加えておく。

　こうした発想の豊かさが木内さんらしいと思う。木内さんとは数えきれないぐらいの野球談議をしてきたが、聞くたびに「なるほどねぇ」と頷きたくなる話を何時間でもしてくれた。もう、野球のことであれば、いくらでも話すことができる。いつも楽しい時間だった。ときには「おれは木内さんとは違う考えだな」と思うこともあるのだが、それはそれでいい。違う人間なのだから、異なる考えがあるのは当然のことだ。

　話が面白いので、木内さんの周りには自然に人が集まっていた。隠し事が苦手で、ポロッと口から出てしまう。だから、秘密を作ろうとはしない、というよりも作れないと言ったほうが正しいか。木内さんに「ここだけの話ね」と言っても、翌日には広まっていることもよくあった。

もちろん、味方だけではない。木内さんのことを悪く言う人もいたが、木内さんのすごいところは人をいつまでも恨まないことだ。これも、才能のひとつだと思う。何か嫌なことをされたり、言われたりしても、すぐに忘れている。だから、いつまでも恨まない。ストレスを溜めずに長生きするための秘訣ではないか。

木内さんに影響を受けたわけではないが、私もいつまでも人を恨まない。恨み続けても何もいいことはないし、疲れてしまうだけだ。おかげで、72歳になっても元気に過ごすことができている。

大徳寺大仙院・尾関宗園先生の教えに影響を受ける

ここまで話してきた出会いは、野球でつながった縁である。練習のこと、試合のこと、采配のこと、技術指導のこと、樫原さんも木内さんも野球に関することは何時間でも話せる人だった。

野球の指導者として大きな影響を受けたのがこの2人であれば、人生の師として私にさまざまな金言を授けてくれたのが、臨済宗大徳寺派の大本山である大徳寺大仙院の住職・尾関宗園先生だ。京都でも有数の規模を誇る、禅宗の寺院である。これまで、尾関先生との関わりを明かしたことは一度もないが、若いときから大仙院に何度も足を運び、先生のお話を聴いてきた。

若い人たちは、「尾関宗園」と聞いても「?・」となるだろう。今は90歳近い年齢なので、さすがにテレビに出ることもないが、明るいキャラクターを生かして、テレビ番組の人生相談などで人気を博していた住職だ。禅宗の教えをまとめた本も多数あり、私の自宅の書棚にも何冊も並んでいる。

尾関先生との出会いは偶然だった。高校3年夏の甲子園、2回戦で報徳学園に敗れたあと、学校側のはからいで京都の寺院や神社などをめぐる自由時間が設けられた。歴史好きだった私は、歴史的建造物を見て、それなりに楽しい時間を過ごすことができた。その中のひとつに、室町時代に創建された大徳寺大仙院があったのだ。

実際に足を運んだ人は知っていると思うが、大仙院には枯山水庭園があり、庭園の中央に石が置かれている。高校生の私からしてみると、何の変哲もない石であり、その石の上に乗っかって遊んでいたのだ。すると、それを見つけた尾関先生にこっぴどく叱られた。「何で石に乗るだけで怒られるんだ？」と思ったのだが、そこから尾関先生が枯山水にまつわる話をしてくれた。

この庭園は、堂々たる無限の大自然を表しているという。さすがに細かい話は覚えていないので、手元にある尾関先生の著書『大安心　心配するな、何とかなる』（ＰＨＰ研究所／１９８１年発行）から、枯山水に関する語りを引用させてもらう。

「天から、雨水が降り落ちる。高い峰に降り落ちたひとしずく、ひとしずくが、やがてごうごうたる激流となって、山はだをかすめ、谷を下り、大河となって流れる。苔のはえる岩と岩のあいだを静かにぬい、周りに広がる緑したる木々のあいだを悠然と過ぎて大海へと流れてゆく」

「枯山水の前にすわっていると、いつのまにか流れの間に間に従って水が流れ、その流れゆく水が自分の心にいっぱいになって広がり、どこともなくまた流れ去ってゆくのを感ずるのだ」

当たり前だが、ただの庭園でもなければ、ただの石でもないということだ。造った人の想いや、大事にしてきた人の気持ちをまったく知らずに、石の上に乗って遊んでいればそれは怒られて当然。野球で置き換えてみたら、毎日心を込めて整備しているグラウンドに、部外者が何のあいさつもなくズカズカと入り込んで遊んでいたら、誰だって腹立たしい気持ちになるだろう。

尾関先生の明るい人柄にも魅かれて、大学に入ってからひとりで京都に向かい、会いに行くようになった。指導者になってからもそれは変わらず、節目ごとにあいさつに行っている。今は年齢も年齢であり、表に出てくることはほとんどないのだが、3年前に足を運んだときには、「持丸先生がわざわざ来てくれたので」と話をしてくれた。

今ここで頑張らずにいつ頑張る！

尾関先生から教えていただいた言葉で、大切にしている考えがある。

今ここで頑張らずにいつ頑張る――。

私の人生を支え続けてきた言葉である。

「一秒一瞬」「今この瞬間」「今日が一生」など、〝今〟を大事にする言葉は世の中にいくつもある。その言い回しは違っても、言わんとしていることはすべて同じだろう。今日が充実していれば、明日はきっといい一日になる。明日がいい一日であれば、明後日もいい一日になる。一日一日の積み重ねでしか、未来を創ることはできない。

この言葉は、子どもたちにもよく言っている。甲子園を目指して戦うのも大切だが、先を見すぎてしまっても、足をすくわれるだけだ。大事なのは、今この瞬間にどれだけ全力を注ぐことができるか。「明日、頑張ろう」なんて言っている人間は、明日も明後日も頑張れないものだ。

極論と思うかもしれないが、人間はいつ死ぬかわからない。明日死ぬとわかっていれば、今日この日にすべての気持ちを注ぐはずだ。もちろん、そんな境地にまで至る必要はないが、〝今〟を大事にしてほしいのだ。若いうちは、時間は無限のように感じるだろうが、永遠に生きることができないのは誰もが理解していることだろう。

思い出すのが、2011年3月11日に起きた東日本大震災だ。同じ年の6月頃だったと思うが、東北遠征の帰りにコーチの清原博城の車で、津波の被害が大きかった沿岸部に立ち寄った。ただただ、立ち尽くすしかなかった。何もしないで目の前の情景を見ているだけで、涙がポロポロとこぼれてくる体験をしたのはあのときが初めてだった。今までの人生で、一番悲しい時間だった。同時に、人間の無力さも感じた。「かわいそう」

「悲しい」と思ったところで、現実が変わるわけではなく、そうした言葉を被災していない人間が軽々しく口にしてはいけないとも思った。

一瞬の大地震、そして津波によって、今までの生活が一変し、家族や仲間を失う。想像すらできないようなことが、実際には起きる。あのとき、私は60歳を過ぎたところだったが、年齢を重ねるほどに、人生には限りがあること、だからこそ今を大事に生きなければいけないことを実感している。

〝他力本願〟ではなく〝自力本願〟

禅宗の教えの根本にあるのが「自力本願」だ。他力本願——つまりは誰かにすがるのではなく、自分の力で道を切り拓いていく。この考え方にも感銘を受けた。

常総学院や専大松戸のような私立は、推薦枠で入学してくる選手が多い。専大松戸に関しては、1学年15名の枠があり、その枠に入れなければ野球部で活動することはできない。部長の森岡健太郎が中心になって、中学生のリクルート活動をしている。端的に言えば、専大松戸の野球部に勧誘しているわけだ。昨今、有望中学生のリクルートが激しくなり、5校も10校も誘いが来る選手も珍しくはない。声がかかるのは、中学生からすると嬉しいことだろう。その嬉しさを、高校で頑張る原動力にしてくれればいいのだが、高校に入るだけで満足してしまう子もいる。甲子園を狙える強豪校で野球をやっていることだけに、満足感を得てしまうのだ。

こういう子は、なかなか伸びていかない。そのうち、「別の高校に行けばよかったな。あっちの高校なら活躍できたのにな」と責任転嫁を始める。高校側から声がかかり、周囲からのアドバイスがあったにせよ、最終的に「この高校で勝負する」と決めたのは自分自身であるはずだ。だからこそ「この高校を選んでよかった」という人生を自分で作っていかないといけない。ほかの誰かを頼りにして、作るものではないだろう。

私も中学生を誘うことがあるが、「自分が一番後悔しない学校に行きなさい。入学したら、良いこともうまくいかないこともあると思う。でも、良いか悪いかを決めるのは自分だからな」と言っている。指導者と合わない、環境が合わない、仲間と合わない……、うまくいかない理由を挙げるのは簡単なことだ。すべてのことに悔いなく取り組んだうえで、「ここでは自分の力を発揮できない」となるのなら仕方ないことだが、そういう状況でなければ、まずは自分で道を作ることを考えてほしい。

「はじめに」で述べたとおり、今回のコロナ禍の経験をプラスに持っていくか、自暴自棄になってマイナスにしてしまうかは、自分の取り組み方次第だ。悩んだとき、カベにぶつかったときに、周りに助けてもらうことは当然あっていいことだが、最終的に自分の背中を押すのは自分しかいない。

第2章

木内幸男に挑み続けた地元・茨城での戦い

竜ヶ崎一時代

〝みんなの甲子園〟だからこそ喜べる

天狗にも生意気にも謙虚にもなれる甲子園

甲子園――。

この3文字を目にしただけで、今でも胸が高鳴る。

高校野球に関わる人間にとって、これほどわかりやすい目標はないだろう。甲子園があるから、苦しい練習を乗り越えられる選手もきっと多いはずだ。私は、「甲子園はどんな場所か?」と聞かれたら、こう答える。

「天狗にも、生意気にも、謙虚にもなれる場所。でも、甲子園の良さは、実際に行ってみなければわからない」

これが、私の甲子園論だ。甲子園で活躍して天狗になる選手もいれば、上には上がいることを知って、「おれはまだまだだ」と謙虚になる選手もいる。どっちが良い悪いではない。その場所に行った人間にしかわからない感覚がある。だからこそ、子どもたちが本気で甲子園を目指すのであれば、その本気をサポートしてやりたい。大きな舞台を踏めば踏むほど、多感な高校生は人間的に成長することができる。

私は、周りの人たちのおかげで、選手・コーチ・監督と異なる3つの立場、さらに付け加えれば4つの学校で、甲子園の土を踏ませてもらった。わかりやすいように、私の甲子園での結果をまとめてみる。

〈竜ケ崎一〉

◆選手時代

1966年夏　1回戦　○6対5　興南（沖縄）
　　　　　2回戦　●1対9　報徳学園（兵庫）

◆コーチ時代

1975年夏　1回戦　●4対8　浜松商（静岡）

◆監督時代（以下、すべて監督時代）

1990年夏　1回戦　○3対1　大野（福井）
　　　　　2回戦　●1対3　松山商（愛媛）
1991年夏　2回戦　○5対4　益田農林（島根）
　　　　　3回戦　●3対4　星稜（石川）

〈藤代〉
2001年春　2回戦　○1対0　四日市工（三重）
　　　　　3回戦　●1対3　仙台育英（宮城）
2003年春　2回戦　○2対1　駒大苫小牧（北海道）
　　　　　3回戦　●1対6　徳島商（徳島）

〈常総学院〉
2005年春　1回戦　●5対6　市和歌山（和歌山）
2006年夏　1回戦　●8対11　今治西（愛媛）
2007年夏　1回戦　●3対5　京都外大西（京都）

〈専大松戸〉
2015年夏　1回戦　●2対4　花巻東（岩手）

想像を超えていた優勝パレード

甲子園に初めて足を踏み入れたのは、高校3年生の夏だった。

私が竜ヶ崎一に入学したのが1964年。野球部は1922年を最後に40年以上、全国の舞台から遠ざかっていた。OBは毎年のように甲子園出場を期待するも、なかなか勝ち上がれない。まだ1県1代表ではなく、1926年から1935年までは南関東大会（茨城・千葉）、1936年から1958年までは北関東大会（茨城・栃木・群馬）、1959年から1972年までは東関東大会（茨城・千葉）を勝ち抜かなければ、選手権大会に進めない時代である。この間、茨城の高校野球を引っ張っていたのが水戸商で、夏6度の選手権大会出場を誇っていた。

さまざまな運が重なったのだろう。3年夏（1966年）、私たち竜ヶ崎一は茨城大会を勝ち抜くと、東関東大会では千葉代表の千葉工商（現・敬愛学園）と千葉商を連破し、44年ぶりとなる選手権大会出場を決めた。44年前は鳴尾球場での開催だったため、

「甲子園出場」と考えると、創部史上初めてのことだった。

「勝因は？」と聞かれても、正直よくわからない。目の前の試合をひとつずつ全力で戦っていたら、勢いに乗って勝ち上がることができた。「そんなので勝てるの？」と思われそうだが、やっている本人からしたら本当にそんな感覚だったのだ。甲子園に出られるなんて、想像すらしていなかった。「絵に描いた餅」という言葉があるが、私の中では絵にすら描けないぐらい遠い存在だった。

甲子園は初戦で興南に延長10回6対5で勝利し、甲子園球場に竜ヶ崎一の校歌が初めて流れた。2回戦で報徳学園に1対9で敗れ、夏が終わった。ともに六番セカンドで出場し、5打数2安打と4打数無安打。決勝は中京商（現・中京大中京）と松山商の伝統校対決となり、中京商が3対1で勝利し、センバツに続く春夏連覇を達成。この頃はまだ、木製バットを使っていた時代である。

じつは、甲子園のことはほとんど覚えていない。思い浮かぶのは、茨城では見たことがない広いスタンドと美しいグラウンドでプレーをしていて気持ちよかったことと、報徳学園戦で最後のバッターになったことぐらいだ。「最後だからホームランでも狙ってやるか」と思ったが、いい当たりのセンターライナーだった。あとは、甲子園入りするために、羽田空港から飛行機に乗ったのもいい思い出だ。18年の人生で、飛行機に乗ったのはあのときが初めてだった。

あの夏、強烈な記憶として脳裏に焼き付いているのは、甲子園球場でのプレーよりも、甲子園を決めたときの優勝パレードだ。

水戸市の球場で東関東大会を勝ち抜いたあと、竜ヶ崎に戻ると、地元はお祭りでも開かれているかのように盛り上がっていた。私たちはユニホーム姿のまま、8トントラックの荷台に乗り、優勝パレードが催された。「竜ヶ崎にこんなに人がいたの?」と思うぐらい沿道には市民がごった返し、トラックが進めないほど人が溢れていた。

この2年前に、東京オリンピックが開催され、竜ヶ崎出身の岡野功さんが柔道の中量級で金メダルを獲得している。オリンピックが終わったあと、大がかりな祝勝パレードがあったのだが、おそらく、そのときよりも大勢の人が集まっていたのではないだろうか。顔も知らない人からも、「おめでとう!」「甲子園、頑張れよ!」と声をかけてもらい、甲子園に出ることがどれほど大きなことか、初めて実感した。

パレードのときの写真が、自宅のリビングに飾ってある。私は一枚も写真を持っていなかったのだが、2013年に恩師・菅原監督が亡くなったとき、ご家族から「この写真は、持丸さんが持っていてくれませんか」と譲り受けたのだ。笑顔の監督の横に、私が写っている。写真を見るたびに、竜ヶ崎が沸きに沸いた日のことを思い出す。

〝みんなの甲子園〟だからこそ優勝の意味がある

竜ヶ崎一の監督として、甲子園に出場したのが就任16年目、1990年の夏だった。スポーツ新聞っぽく書けば「苦節16年、持丸初優勝!」となるのだろうが、それまで散々負けてきているので、悔しい思いをさせてきたOBたちの顔がまず浮かんだ。

初出場の夏、甲子園の土を踏んだこと以上に嬉しい光景があった。

あの頃は100名近い部員がいたので、ベンチに入れない選手がたくさんいた。準決勝、決勝と甲子園が近づいてくると、スタンドの最前列に立って、金網にしがみつきながら、グラウンドにいる仲間に声援を送っていた。試合中、ふとしたときにその姿が目に入ってきたのだが、スタンドも一緒に戦っている。ベンチから見ても、金網にしがみつく手にギュッと力が入っているのがよくわかった。泣いて笑って、声を上げて、チームが一体になっている。その姿を見られたことが、優勝したこと以上の喜びだった。たとえ試合に出られなかったとしても、仲間のために応援できる力を持っている。それだけのつながりがあったからこそ、勝つことができたのだと思う。

この優勝によって、選手、コーチ、監督と、それぞれ違う立場で甲子園出場を成し遂げることができた。

優勝のたびに感じるのは、「レギュラーだけが喜ぶのではなく、〝みんなの甲子園〟だからこそ喜びが増す」ということだ。甲子園は、レギュラーだけのものではないし、監督のものでもない。監督が勝ちたいがために、子どもたちが犠牲になってはいけない。チーム、保護者、学校、卒業生、地域のみんなが喜べる甲子園でなければ、そこに立つ意味がなくなってしまうのだ。特に竜ヶ崎は野球が盛んな町ということもあり、多くのみなさんに喜んでいただくことができる。

このように感じる原点は、小学生のときの体験にある。低学年のときに、親父に連れられて、後楽園球場まで都市対抗野球を観戦に行ったのだ。茨城から出場した日立製作所を応援するためだった。都市対抗を観るのは初めてだったが、スタンドは満員で応援の雰囲気、一投一打に沸く歓声に圧倒された。プレーをするのは選手たちだが、スタンドも含めて一体となって戦っていることを、子どもながらに感じた。

近年、私の胸の中では〝みんなの甲子園〟の想いが強くなっている。

というのも、甲子園に出場する顔ぶれが年々、同じような学校になってきたからだ。選手を集めている私学の勝つ確率が高い。決して批判しているわけではなく、私学は学校経営が大事であり、理事長の方針によってチーム運営は変わるものだ。私が指揮を執る専大松戸にも推薦枠があり、その枠に入れなければ、野球部には在籍できないやり方を採っている。それでも、こうした私学を率いているからこそ、余計に〝みんなの甲子園〟を考えるようになった。

2019年夏、テレビで甲子園を見ていて、「これだよ、甲子園はこういうものだよ」と、涙がこぼれるほど嬉しいことがあった。初出場を果たした長野代表・飯山高校の戦いに、心が揺さぶられたのだ。初戦で仙台育英に1対20で敗れたのだが、白一色のアルプススタンドは地元の人たちで溢れ返り、1本のヒットに大きな拍手が沸いた。バス65台、およそ3000人の応援団がアルプスに集まったという。敗戦後、学校に帰ったときには、400人近い市民が集まり、「ありがとう!」と感謝の気持ちを伝えていた。

甲子園にまで出場できれば、勝ち負けはさほど重要なことではない。どんな点差で負けようとも、地元に多くの笑顔と感動をもたらしたことに、大きな価値がある。自分の高校時代を思い出すかのような懐かしさがあった。

よく「全員野球」という言葉が使われるが、私はチーム全員という意味だけでなく、保護者も学校も地域も含めて、広い意味での「全員野球」だと考えている。飯山の試合を見て、みんなが喜ぶような野球をしたいと、改めて思ったものだ。

木内監督に勝たなければ辿り着けない甲子園

茨城の高校野球といえば、木内さんである。1984年夏、県勢初の全国制覇を果たしたのが、木内さんが率いていた取手二で、その後は常総学院で春夏全国制覇。茨城の指導者で、日本一を経験しているのは木内さんしかいない。

これだけの指導者が身近にいるとなれば、誰がどう考えても、木内さんに勝たなければ甲子園には行けない。第1章で述べたとおり、私は木内さんと親しい関係にあったので、どんなことを考えていて、どんな野球をしようとしているのかは、ほかの監督よりは理解していたつもりだ。その一方で、木内さんのすごさを知れば知るほど、「木内さんと同じ野球はできない」とわかってくる。選手層の厚さも違えば、選手の能力も違う。当時の取手二や常総学院に打ち勝とうとしても無理な話だ。

オーソドックスな戦い方であるが、県立高校が勝つにはピッチャーを中心とした守りを鍛え、小技を絡めて得点を取り、ロースコアの接戦で勝つしかない。2対1や3対2の勝負に持ち込む。それが竜ヶ崎一や藤代を率いていたときの考えだった。

いくら攻撃力の高い学校であっても、本当にいいピッチャーと対戦したときにはそうは得点を取れないものだ。ボールを持っているのはピッチャーであり、野球の主導権はピッチャーにある。プロの一流選手でも、ヒットを打つ確率は3割ちょっと。高校野球のトップ選手であっても、打率4割ほどだ。同じ高校生が戦うわけだから、弱点をしっかりと攻めることができれば、抑えられるとも思っていた。

今回、本を書くにあたって、竜ケ崎一時代の木内さんとの対戦成績を過去の資料から調べてみた。16戦して6勝10敗。まぁ、かなり負けていることがわかる。まったく自慢できることではないが、取手二と常総学院が甲子園の決勝まで勝ち上がっているときには、秋か夏のいずれかの決勝で私と戦っている。全国トップレベルのチームの強さを肌で感じられたことは、大きな財産である。

〈竜ヶ崎一 vs 木内監督〉

1978年春	県	準決勝	●3対4	取手二
1983年秋	地区	決定戦	●0対9	取手二
1984年春	県	決　勝	○2対0	取手二
1984年夏	県	決　勝	●3対13	取手二（甲子園優勝）
1984年秋	県	準々決	○3対1	常総学院
1985年春	県	準決勝	●1対9	常総学院
1986年夏	県	4回戦	●2対11	常総学院
1986年秋	県	決　勝	○2対1	常総学院
1987年春	県	決　勝	●2対3	常総学院
1987年夏	県	決　勝	●2対7	常総学院（甲子園準優勝）
1990年春	県	決　勝	○3対2	常総学院
1990年夏	県	準決勝	○3対0	常総学院（竜ヶ崎一甲子園出場）

1991年秋	地区	決定戦	●4対7	常総学院
1993年春	県	準決勝	●0対7	常総学院
1993年秋	県	準々決	●4対6	常総学院
1995年秋	県	三位決	○2対1	常総学院

1984年のチームは、秋春夏と3季連続で取手二とぶつかった。今、竜ヶ崎一を指導する津脇がキャプテンとして引っ張っていた代だ。秋は県南地区の代表決定戦で0対9と敗れるも、春は県大会の決勝でぶつかり2対0で雪辱。公式戦で木内さんに勝ったのは、このときが初めてだった。しかし、勝負の夏は決勝で3対13の完敗を喫し、夏は2度目の準優勝に終わった。

取手二は石田文樹（元大洋）、中島彰一（日本製鉄鹿島監督）、吉田剛（元阪神など）、佐々木力（常総学院監督）、小菅勲（土浦日大監督）らがいた代で、夏の甲子園ではPL学園を下して、初優勝を遂げた。この優勝を置き土産に、木内さんは前年に創部したばかりの常総学院に移ることになる。

私は4校の監督として、数えきれないほど多くの学校と対戦してきたが、このときの取手二が一番強かったと感じる。それも日本一を果たした夏のチームではなく、前年秋の県南地区大会だ。「手も足も出ない」という感覚を初めて体験し、何回やっても勝てないと思ったのはこのときだけだ。記憶の中では0対5ぐらいで負けていたはずなのだが、記録を見返してみると0対9。どちらにせよ、どうにも太刀打ちできない強さがあり、勝てるイメージが湧かなかった。

とにかく、攻守において隙がない。石田はそのあと右肩を痛めてしまうのだが、このときは万全のコンディションでストレートがビシビシ来ていた。たまにとらえた打球も、球際に強い内野手に捕られてしまい、得点が入る気配すらなかった。

春は、エースの力投で勝つことができたのだが、木内さんは「夏に向けて、わざとチームを壊していた」と言っていた。負けず嫌いの人だから、それが本心かどうかはわからないが……。夏は、うちのエースが準決勝の9回に、ピッチャーライナーを利き手である右手に受けてしまい、決勝ではとても投げられる状態ではなかった。もし、エースが万全であったならとも思うが、それも含めての勝負だろう。

その後、取手二が甲子園で優勝したことには、さして驚かなかった。あのチームなら勝つだろうとも思っていたし、それぐらい総合力の高いチームだったのだ。これはあまり知られていない話だが、それまでの取手二は期待されていた1、2年生が、3年生に上がる前に辞めることが多かった。木内さんの指導に付いていけない部分もあったのではないか。

ところが、あるときから、木内さんが3年生を最後まで優しく見守るように変わっていった気がする。日本一になったときは、下級生の頃から活躍していた選手が順調に伸び、円熟したチームに育っていた。詳しいところは聞いていないが、木内さんが選手側に少し歩み寄り、選手も木内さんがやりたい野球を理解できたのが、あのチームの強さだったのではないだろうか。

フルカウントからの奇策で常総を下す

木内さんとの対戦結果を振り返ってみると、夏は一度しか勝っていないことがわかる。唯一の勝利が、1990年夏の準決勝だ。そして、この夏、竜ヶ崎一は甲子園出場を遂げることになる。私は勝った試合よりも負けた試合のほうが圧倒的に頭に残っているのだが、この試合に関しては、勝負を分けたワンプレーのことをよく覚えている。

この代は、春の決勝で常総学院を下しているように、「甲子園に行ける」という手ごたえを持ったチームだった。エース左腕の浅見大輔（元東芝）が両コーナーをしっかりと突くことができ、失点を計算できる。何よりも、監督である私と対等に会話のできる選手が揃っていて、日々の練習が楽しかった。会話をすることで、互いに信頼関係が生まれる。子どもたちの言い分や考えを積極的に聞くようにもなり、彼らの本音もわかるようになった。

コーチの樫原さんから「子どもを信じることが大事」と教わっていたが、心の底から「子どもらを信じてみよう」と思えたのは、このチームが初めてだったかもしれない。私が42歳になった年である。ある程度年齢を重ねて、人としてさまざまな経験を積んだからこそ、見えてきた世界だったといえる。

「この代で甲子園に行けなかったら、監督をやる資格はない。負けたら辞める」

そこまでの覚悟を決めて臨んだ夏の大会だった。

落ち着いた守りで接戦を勝ち続け、準決勝で常総学院とぶつかった。試合は5回まで無得点で進み、うちはノーヒットに抑え込まれていた。間違いなくロースコアの勝負になり、先取点が大きなカギを握る。

迎えた6回裏、先頭の加藤英樹（左打者）のカウントがフルカウントになったところで、セーフティバントのサインを出すと、ファーストとセカンドの間に絶妙なバントを転がし、内野安打で出塁した。ここから2アウト二塁と攻め立て、タイムリー三塁打で先制すると、パスボールでさらに追加点を挙げた。

勝因は、あのセーフティバントに尽きる。加藤は足の速い子で、洞察力に優れた木内さんは、当然のように警戒していた。だからこそ、追い込まれてからスリーバント失敗を覚悟のうえで、サインを送った。木内さんであっても、フルカウントからのセーフティバントは読めていなかったと思う。

続く決勝では水戸短大付属を5対1で下し、監督として初めての甲子園出場を勝ち取ることができた。優勝したあと「竜ヶ崎一だったからこそ、ここまで頑張れることができた」とインタビューで答えた。母校ということもあって、OBや地域のみなさんからいつも応援してもらい、教職員からもさまざまな気遣いをしてもらっていた。母校ではなかったら、ここまでのサポートは得られなかっただろう。

甲子園では初戦で大野に3対1で勝ち、私が高校3年生のとき以来、24年ぶりに勝利の校歌が甲子園に流れた。2回戦で松山商に1対3で競り負けたが、鍛えてきた守りの野球を見せることはできた。

インコースを攻められなければ常総打線は抑えられない

初めて甲子園に行った次の代のエースは、右の藁科智尉。バッターの手元で伸びる球筋で、両サイドを突くコントロールとタテに鋭く落ちる変化球を備え、プロを狙える能力を持っていた。

常総学院と何度も対戦する中でわかったのは、「外一辺倒では持っていかれる」ということだ。しかも、アウトコースであっても、右バッターはレフト、左バッターはライトに引っ張ってくる。常総打線を抑えるカギは、インコースをどれだけ突けるか。そのうえで、アウトコースはボールになる変化球をうまく使いながら打ち気を誘う。このピッチングができるのが藁科だった。

私の中には当時も今も変わらぬ、理想のピッチャー像がある。頭にあるのは、鈴木孝政（元中日）だ。千葉の成東高校で甲子園出場こそならなかったが、プロ注目のピッチャーとして名を馳せ、中日からドラフト1位指名を受けてプロ入り。抜群のキレを誇るストレートと変化球、そして両コーナーに投げ分けるコントロールで、プロ通算124勝94敗96セーブを挙げた。

じつは、彼が高校2年生の夏、竜ヶ崎一と成東は東関東大会の準決勝で当たり、竜ヶ崎一が2対1で勝利している。私が科目履修生として大学で単位を取りながら、コーチをしていたときのことだ。この頃から強烈なストレートを投げ込んでいた。

私は甲子園で準優勝した銚子商時代の木樽正明さん（元ロッテ）を見ているし、作新学院時代の江川卓（元巨人）も見ている。木樽さんのストレートのスピードは素晴らしかったし、「怪物」と呼ばれていた江川も凄まじいストレートを投げていた。それでも、ストレートのキレという点では、鈴木孝政を超えるピッチャーはいないと思っている。特に低めにビシッと決まるストレートは、惚れ惚れするほどキレが良かった。藁科はさすがにそのレベルには届かないまでも、勝てるピッチャーの要素を備えていた。

夏を見越してあえて負けた春

秋は準々決勝で東洋大牛久に2対3で敗れ、翌春も準々決勝で日立一に5対11で敗れたが、この春に関しては「あんたら、夏は甲子園に行けるから、ここで負けていい」と伝えたうえでの試合だった。藁科を最初だけ投げさせて、あとは二番手に代えている。後にも先にも、負けることを見越して戦ったのはこの試合しかない。「甲子園に行ける！」と自信を持って思えたのも、このときだけだ。

なぜ、そこまでの自信があったかというと、藁科の力量と他校の打線を比較して、「夏はそこまで打たれない」とわかったからだ。失点を計算できれば、ゲームプランを立てやすくなる。常総学院との対戦はなかったが、内外角をしっかりと攻められる藁科であれば、ロースコアの展開に持っていけると読んだ。

迎えた夏の初戦、水戸短大付属に延長12回6対5と苦しい展開を強いられたが、チーム一丸となって、何とか接戦をモノにすることができた。監督として反省したのが、15

対5で勝利した4回戦の土浦三だ。控えピッチャーを先発させたところ、初回にいきなり5点を奪われた。ある程度、得点を取れると計算したうえでの先発起用だったが、勝つにしても負けるにしても、みんなが納得する形でなければ後悔が募ると思った。そこからの試合はすべて藁科に任せ、準々決勝は春に負けた日立一に1対0、準決勝も水戸商に1対0で勝利し、決勝に進んだ。

決勝の相手は、初優勝を狙う藤代紫水。試合は1対1の同点で9回裏へ。2アウト二塁と、一打サヨナラのチャンスをつかむと、三塁へのボテボテのゴロ。相手のサードが一塁に高投すると、その隙を突いて、代走の斎藤浩然が一気にホームを陥れた。三塁で止まらずに、躊躇なくホームをめがけて走っていた斎藤のナイス判断だった。

このとき2年生でショートを守っていたのが、2019年に石岡一の監督でセンバツに出場した川井だ。キャプテンを任せ、サードにいたのが吉田祐司である。今は学童野球の強豪・茎崎ファイターズの監督を務めている。高校時代から、2人ともに自分の言葉で会話ができた。こういう選手がいるときはやはり強い。

甲子園を決めるたびに感じるのは、「子どもらの喜ぶ顔は格別」ということだ。そこに至るまでには、うまくいかないことも、苦しいこともたくさんあり、右肩上がりにグングン成長する選手など誰もいない。そうした苦労を間近で見ているだけに、喜びに溢れた顔を見ると、自分のこと以上に嬉しくなる。

甲子園では、初戦（2回戦）で益田農林（島根）を5対4で下し、2年連続で校歌を聞くことができた。振り返ってみると、県大会の準々決勝から4試合連続の1点差勝ち。派手な野球はできないが、1点を守り、1点を重ねる地道な戦いで、竜ヶ崎一らしい野球を見せてくれた。

続く3回戦は、当時2年生の松井秀喜（ヤンキースGM特別アドバイザー）がいた星稜（石川）だった。プロのスカウトから「すごいバッターがいるぞ」と聞いてはいたのだが、予想以上だった。

試合は3回裏、藁科がレフトにソロホームランを放ち、「甲子園通算700号本塁打」という記念すべきアーチをかけ、幸先よく1点を先制した。その後、6回表に1対2とひっくり返され、8回表へ。無死二塁で、打席には松井を迎えた。カウント1ボール2ストライクから、藁科が投じた落ちる球が甘く入り、甲子園の場外に出るんじゃないかと思うぐらい、とてつもないホームランを打たれた。この年まで、甲子園にはラッキーゾーンがあったのだが、そんなものは関係なしだ。あのホームランを見ているだけに、その後の松井の活躍にはまったく驚かない。

この翌年、1992年夏の星稜対明徳義塾（高知）で、社会問題にもなる「5打席連続敬遠」が起きた。明徳義塾・馬淵史郎監督の指示によるところだが、「こういう手があったのか！」と度肝を抜かれた。とはいえ、5回も連続で敬遠するほどの勇気は、私にはない。甲子園の舞台で、それをやり切った馬淵監督の覚悟を尊敬する。

負けた監督の言葉にこそ真意がある

夏の茨城大会3連覇を狙った1992年、私には苦い思い出がある。準決勝で日立工に3対6で負けたのだが、エースピッチャーが39度の熱を出していたにもかかわらず、マウンドに上がって本調子とはほど遠い出来に終わった。体調の異変に気づいたのは、試合後のこと。ピッチャーにはこんな話をした。

「お前ね、自分がいくら甲子園に行きたいといっても、それは自分だけの甲子園じゃないんだからな。〝みんなの甲子園〟なんだから。エースとしての責任があったのかもしれないけど、調子が悪かったのなら、エースの座もレギュラーの座も、調子がいい人間に譲るべきじゃないか」

それでも、樫原さんの教えのとおり、一番の責任は監督にある。体調の悪さを見抜けずに起用したこと、エースに代わる二番手投手を育てきれなかったこと、体調管理の大事さを伝えきれなかったこと、負けたときの反省はすべて自分にある。

竜ヶ崎一を率いていたときは、夏の大会で負けると、その足で茨城から離れた都内のホテルに向かい、ひとりで試合を振り返る時間を作っていた。長いときは3日間ぐらい、ホテルにこもっていたこともある。「あの試合のあの場面で……」とさまざまなシーンがよみがえってくるが、いつも感じていたのは「反省は自分以外にない」ということだ。

今年2月に亡くなられた野村克也さんの言葉に「勝ちに不思議な勝ちあり、負けに不思議な負けなし」という名言があるが、本当にそのとおりだ。「何で勝てたんだろう?」と不思議に思うことはあっても、「負けた原因がわからない」ということはまずない。負けるのには、何らかの原因がある。そして、その原因は監督の指導力や采配にあるのだ。敗戦の責任を選手のせいにしているうちは、監督としての成長はない。

だから私は、負けた監督の言葉にこそ真実があると思っている。負けたときほど、自分のことを見つめ直すチャンスだ。選手の起用法、試合中の言葉がけ、試合に入るまでの練習、相手の分析……、自分の至らなさを正面から受け止める。

勝ったときは、苦しかったことやうまくいかなかったことを、どうしてもきれいな美談にしてしまいがちだ。今、私が持ち歩いているノートには、「勝てない監督にこそ、真実がある」と書き記している。

自宅の庭で燃やした20数冊の野球ノート

その後は、1993年、1994年秋ベスト8、1995年夏は決勝に進むも、水戸商に2対3で敗れて、甲子園出場はならなかった。監督として4度目の準優勝。あとひとつのところで敗れるのは、いくつになっても堪えるものだ。この1995年を最後に、竜ヶ崎一の監督を退き、藤代に異動することになった。

私は大学を終えた1972年の4月から1996年の3月まで、教員として竜ヶ崎一に勤めた。ひとつの県立高校に20年以上もいるなど、今では絶対にありえないことである。当時は人事異動の基準がまだなく、長く勤める教員も多かった。

それが、竜ヶ崎一の晩年に「教員は10年を目途に異動する」という決まりができ、私もその規定に該当するひとりとなった。竜ヶ崎一のOBで当時の教育長だった斉藤義朗先生から「これだけ長くいるのも持丸先生が最後だから」と異動の話が届いた。

私自身も「そろそろ、身を引かなければ」という気持ちが芽生え始めていたときだった。甲子園に出るようになってから、「持丸先生は野球部があるので」と、授業時数などさまざまなところで配慮があった。その分、ほかの教員にしわ寄せがいっていたのを感じ、学校側の気遣いが嬉しい反面、申し訳なさが勝るようになっていた。

学校を異動するのであれば、教員そのものを辞める。それが、私の考えだった。ほかの学校に移っても、またほかの教員に迷惑をかけるかもしれないからだ。その話を、教育長の斉藤先生にすると、「辞めるなんて言わずに、ほかの学校でも頑張ってくれよ」と言われた。

そこで、私が望んだのは野球が強くない学校への異動で、野球は指導しないと決めた。それが、藤代だったのだ。1973年に野球部が創部され、私が着任する前の夏の最高成績は1987年のベスト8。竜ケ崎一のコーチ時代の教え子である宮本正和が、藤代の監督として一生懸命頑張ってくれていたが、それでも竜ヶ崎一のような伝統があるわけではない。野球部を強化するというプランも、当初はまったく出ていなかった。

竜ヶ崎一を辞めるときには、宮本や小川ら教え子が中心となり、盛大な慰労会を開いてくれた。こういう会は苦手なので、「おれに気を遣うな」と言ったのだが、教え子の気持ちに負けた。

退任が決まったあとには、自宅の庭で、コーチ時代から書き綴ってきたノートを燃やした。1年に1冊は書いていたので、20冊ぐらいはあったかと思う。「もうこれで野球は終わり」。炎とともに消えていくノートを見ながら、自分自身に言い聞かせていた。監督として十分にやり切れたので、悔いはなかった。

親子三代、竜ヶ崎一野球部でプレー

余談ではあるが、私が竜ヶ崎一を辞めるときに、野球部の2年生に長男がいた。私自身に「親子鷹」という意識はまったくなかったが、周りは特別な目で見ていたかもしれない。卒業後は中央大に進み、硬式野球部では阿部慎之助（元巨人／巨人二軍監督）と同級生だった。

そして、今は孫が竜ヶ崎一の3年生にいる。もちろん野球部だ。親子三代で、竜ヶ崎一にお世話になっていることになる。教え子の津脇が監督をしていることもあり、さまざまな情報が入ってくるのだが、私は試合を見に行ったことが一度もない。

そもそも、長男のときも孫のときも、野球を絶対にやってほしいとは思っていなかった。本人がやりたいのなら、頑張ればいい。そんなのは親が決めることではなく、自分で決めていくことだ。野球部の選手と一緒で、大人がどんなにレールを敷いたり、発破をかけたりしても、子どもにその気がなければ長くは続かないし、うまくもいかないだろう。「自力本願」でやるしかないのだ。

さらに、持丸家と竜ヶ崎一の関係を話せば、女房も竜ヶ崎一の出身で、学年でいえば私のひとつ下になる。私が高3夏に甲子園に出場したときには、アルプススタンドに応援に来ていたらしい。孫が竜ヶ崎一に入るのを一番喜んでいたのが女房だった。女房は旅行が好きなこともあって（もちろん、野球もだが）、私が監督で出場した甲子園にはほぼ全試合応援に来てくれている。

竜ヶ崎一は学力がどんどん上がっていて、野球のうまい中学生が入るにはハードルが高くなっている。２０１４年からは文科省が指定するスーパー・サイエンス・ハイスクールにも選ばれ、２０２０年には竜ヶ崎第一高等学校附属中学校が開校し、中高一貫に生まれ変わった。ますます、学力向上に力を入れていくことになるだろう。

野球部のスタッフには、今年の春から教え子の川井がコーチとして加わった。波崎柳川、石岡一で指導者として実績を重ねてきた手腕を、母校でも発揮してほしい。

なお、のちに藤代を辞めるときと、常総学院を辞めるときに、教え子やＯＢから「竜ヶ崎一のコーチをお願いできないか」という話が具体的に挙がっていた。常総学院を退任するときには、自分もそのつもりでいたのだが、専大松戸の理事長の熱意に負けて、新しい学校で戦うことを決めた。さすがに今はもう72歳だ。このあと、母校に再び戻ることはないだろう。ＯＢのひとりとして、強い竜一の復活を願っている。

藤代時代

人間教育から始めた土台作り

空白の1年を経て藤代の監督に就任

1996年春、藤代高校に赴任した。1973年創立の比較的新しい県立高校である。私が着任したときは「藤代町」であったが、2005年に取手市に編入合併され、取手市藤代となった。取手市と龍ヶ崎市は隣接していて、藤代と竜ヶ崎一は車で20分ほどの距離にある。過去に取手一や取手二が甲子園の土を踏んだことからもわかるように、どちらも野球熱が高い地域で、甲子園を狙える学校が集まっていた。

部活動を持っていなかった私は、日本史の授業をして、ほかの先生と同じように学校の仕事をして、帰宅する日々が続いた。野球部の練習を見ることもなければ、試合を見ることもない。「もう野球はやらない」と決めていたので、未練もなかった。こういうところからも「おれは本当に野球が好きなのか？」と自分自身に疑問を抱く。もし、野球が好きで、監督業にこだわりがあれば、グラウンドから離れることが耐えられなかったと思うのだ。

野球から離れているときに、軽度の脳梗塞も患った。あるとき突然、言葉がうまく喋れなくなり、女房に「病院に行きなさい」と半ば無理やり連れていかれると、脳梗塞の症状が出ていた。老化現象だろうと思っていたのだが、とんだ勘違いだった。手術をせずに薬で何とかなるという。薬は今も欠かさずに飲んでいて、脳梗塞以来、病気にはかかっていない。

野球がなければ自分の時間もできる。まとまった休みのときには、女房と一緒に旅行でもと考えていたのだが、そんな日々は長くは続かなかった。

野球好きの親しい県会議員に呼ばれて、「取手二と竜ヶ崎一が甲子園に行っているのに、何で藤代は行けねぇんだよ。持丸、また野球やれよ」と言われたのだ。校長も野球が大好きで、周りからも「またやってくれ」という声が上がるようになってきた。取手と竜ヶ崎が甲子園に出ているのだから、「次は藤代だ」と思ったのだろう。

甲子園に出るのはそんなに甘いことではないのだが……、県会議員と学校の熱の入れようは驚くもので、水はけの悪かった学校グラウンドの整備、さらには推薦制度を設けて、中学生を募集しやすくするという話が、とんとん拍子で進んでいった。

お世話になった人の想いを無下にすることもできず、「では、5年間だけやらせていただきます」という条件付きで、翌年春から監督を引き受けることになった。引き受けたからには、甲子園を狙えるチームを作っていく。何の目標もなしに、ただ野球をやるだけだったら、監督は受けなかった。

のちのドラフト1位・野口祥順を口説き落とす

まず、動いたのは有望中学生の勧誘だ。竜ヶ崎一時代の教え子で、のちに取手シニアの監督を務める石崎学から、「土浦のシニアに、ものすごい選手がいますよ」という情報をもらった。足が速く、陸上大会に駆り出されると、練習をほとんどしていないのに幅跳びで周囲が驚くような記録を出して、県大会で優勝したという。野球の能力にも秀でているが、本人は「高校で陸上をやりたい」と考えているとのことだった。陸上の大会で、自分の才能に気づいたらしい。

それが、のちにドラフト1位でヤクルトに入る野口祥順（元ヤクルト／ヤクルト球団職員）である。台風の日だったか、大雨の日だったか、とにかく悪天候の日に車を土浦まで走らせて、野口に初めて会った。木内さんの常総学院をはじめ、さまざまな学校が誘いに来ていたという。甲子園出場もなければ、野球部としての伝統もまだない藤代は、どう考えても分が悪かった。

私が野口に言ったのは「どの学校を選んでもいい。とにかく、野球を続けてほしい。あなたにはそれだけの力がある」。常総を選ぼうが、土浦日大を選ぼうが、どこでもいい。野球を続ける道を選んでほしかったのだ。

今まで、何人もの中学生を誘ってきたが、一番熱を入れて野球をやるよう口説いたのは野口かもしれない。裏話をすれば、野口の中学時代のプレーは一度も見ていない。また私が高校野球に戻るなんて、まったく思ってもいなかったからだ。石崎の情報と、周りからの高い評判を総合して、土浦まで通い詰めた。何が決定打になったのかは本人からも聞いていないが、最終的に藤代を選んでくれた。その後のチームへの貢献度を考えると、本気で誘いに行って、心から良かったと思う。

さらに、中学校野球のほうで強さを見せていたのが取手東中（現・取手一中）で、その監督を務めていたのが教え子の友野和也だった。翌春から、私が監督に就くことを聞いて、主力選手数名を送り出してくれた。友野はその後、私の母校である藤代中に異動し、美馬学を擁して中学校の全国大会に出場することになる。その美馬がうちの高校を選んでくれたことが、センバツ出場につながっていく。何度も書くが、人のつながり、人の縁に本当に恵まれた人生だと思う。

ことわざを通して生き方を教える

１９９７年春、野口らの入学とともに監督に就任した。

竜ヶ崎一のような伝統はまったくないチームで、レギュラーが校則違反を犯して、試合に出られないようなこともあった。

うまくなること、勝つことも当然大事だが、そこを目指すだけではチームは強くなっていかない。チームとしての土台ができあがるまでは、人間教育に力を注いだ。時間を守る、約束を守る、返事をする、あいさつをする、授業を受けるといった当たり前のことをとにかく徹底する。野球に専念できる環境作りをしていかなければ、野球以外のところで組織は乱れていくものだ。

ミーティングではさまざまな話をした記憶がある。「明日のミーティングでこれを話そう」と思ったことを、毎日のようにノートにメモしていた。伝え方は少しずつ変わっているだろうが、竜ヶ崎一でも、常総学院でも、専大松戸でも同じような話をしている。私が高校生に伝えている「人として大事にしてほしいこと」をいくつか紹介したい。

「情けは人の為ならず」

今でもよく言っているのが、「情けは人の為ならず」だ。専大松戸でコーチをしている清原は常総学院時代の選手になるが、「おれが話したことわざで、何を一番覚えている？」と聞いたら、この言葉を挙げた。

言葉だけをとらえると、「人に情けをかけて助けてやることは、その人のためにはならないからやめておけ」となるのだが、これは誤用だ。本来の意味は、「情けは人のためだけでなく、いずれはめぐりめぐって自分に返ってくる。だから、誰にでも親切にしなさい」となる。決して、「情け＝同情」の意味ではなく、親切にすることや、思いやることを表している。

野球はひとりでやるものではない。人生もひとりでは絶対に生きられない。困っていたり、悩んでいたりする人がいたら、手を差し伸べる。その優しさや思いやりが、いずれは自分に返ってくるのだ。ひとりひとりがこうした気持ちで取り組めれば、「周りのことは関係ねぇよ」と、自分のことしか考えられない選手が減っていく。

「李下に冠を正さず」

たいていの子は、「?」という顔をする。初めて耳にする子も、きっと多いだろう。「誤解を招くような行動はすべきではない」という意味になる。「李」はスモモのことで、スモモの木の下で曲がった冠をかぶり直すと、スモモを盗んでいるのかと誤解を招きかねない。

こうした話を丁寧にしていくと、物わかりのいい選手は「そういうことか」と納得した顔を浮かべる。周りから疑われるようなことは、そもそもすべきではないし、疑われるということは、日頃の取り組みがそう見られていることにもなる。学校でもグラウンドでも、周りから絶対的な信頼を得られるような取り組みやふるまいをしていかなければいけない。強いチームは、野球の面でも生活の面でも、このあたりの隙がないものだ。

試合になれば、打てないことも、エラーをすることもある。そんなときに、「あいつは日頃、人一倍の努力をしていたから、あいつが打てないのなら仕方ない」と思われるぐらいの存在になってほしい。これが、「まぁ、あいつは練習していなかったしな」と思われるようなら、チームを代表して試合に出るのは難しくなるだろう。

「ふり」をしない

「できたふり」「やったふり」「知っているふり」「聞いているふり」をしないこと。この習慣が直らない選手は、なかなか上達していかない。なぜなら、「ふり」をしているうちは、自分ができないこと、知らないことに対して本気で向き合おうとしないからだ。

人が成長していくには、まずは自分の弱さを知らなければいけない。できないことは何ら恥ずかしいことではない。できないことを知ったうえで、練習をしていくからこそ上達していくわけだ。

勉強にしても、わからないことをわかったふりをして何となく流してしまうと、わからないことが知らないうちに積み重なり、気づいたときには「時すでに遅し」ということもある。「聞くは一時の恥、聞かぬは一生の恥」という言葉もあるが、本当にそのとおりだと思う。

「失敗は成功のもと」

昔からよく使われていることわざだが、指導者になると、この言葉の重要さを痛感するようになる。失敗を恐れてチャレンジしない選手は、どうしてもカベを突破できないことが多い。何でもかんでも成功するなんてことは絶対にありえないわけで、ノーベル賞をもらうような化学者であっても、数々の失敗を重ねたことが、世界を驚かす発明につながっていく。

野球でいえば、こんな事例がある。変化球が苦手なバッターは、いつまでも変化球を振らない。自分が好きなストレートだけを待っているのだが、これではいつになっても変化球を打てるようにならないのだ。変化球を積極的に振っていくことで、なぜ打てないかの理由が少しずつわかるようになり、そのためにはどうしたらいいかを考えるようになる。見逃してばかりいたら、先には進めない。

働く=傍を楽にする

「働く」の語源を知っているだろうか。諸説あるようだが、私が聞いたのは「傍を楽にする」という考えだ。「傍=そば」と置き換えると、傍にいる人間を楽にすることが、働くことの本当の意味になる。

すなわち、ひとりで努力をして、ひとりで頑張るだけでは、働いていることにはならないのだ。周りにいる人間を、どれだけ楽にすることができるか。チームメイトに好影響を及ぼすような練習ができているかどうか。ひとりひとりが「傍を楽にする」ことができれば、チーム全体のレベルは自ずと上がっていくはずだ。

言葉に責任を持つ

何か注意や指摘をされたときに、高校生は「ハイ！」と威勢のいい返事をすることが多い。でも、実際に「お前さ、ハイって言うけど、何がわかったの？　自分の言葉で説明してみろ」と言うと、とんちんかんなことを言うことがある。本当に意味がわかっているのなら「ハイ！」でいいが、そうでなければ「わかりません」と意思表示をしなければいけない。

これはひとつの例だが、自分の言葉に責任を持ってほしいのだ。有言実行であってほしい。「あいつは、言葉と行動がまったく違うよな」と周りから思われているようでは、信頼をどんどん失っていくだけだ。「言ったことは守る」。信頼を得るには、これが一番大事なことではないだろうか。

勝つことによって負けた悔しさを覚える

このような話を、機を見ながら伝えていった。高校生は言われなければすぐに忘れてしまうので、同じことを何度も喋ったこともある。

当然、すぐに結果は出なかったが、チームの礎を築いていく中で、大きな力を見せてくれたのが野口だ。野口は人間的にも優れていて、理解力も高い。私ともコミュニケーションが取れる子だった。野口が持っている教養の高さが、グラウンドでも教室でもチームメイトに広がっていき、少しずつ勝てる組織に変わっていった。

ただ「目標は甲子園」と言っても、選手たちの心の奥にまでは響いていなかったと思う。竜ヶ崎一であれば、過去に先輩が出たことがあるので、まったくイメージができないわけではない。グラウンドには、先輩方が培ってきた空気が流れているものだ。しかし、藤代は違う。これまでの実績がないため、「甲子園？　新幹線で行くの？」というぐらいの感覚だ。

彼らの目の色を変えさせるには、自信を持たせるしかない。そのためには、勝つことが一番の薬となる。それまで勝ったことがない集団だったため、勝てば勝つほど、「おれたちはできる」という自信につながっていく。よく「負けから学ぶ」と言われるが、たしかにそれも間違いではない。でも、ずっと負けっぱなしでは、人間的にはなかなか成長していかないものだ。

なぜなら、勝った経験をしてこそ、勝者になったときの気持ちや、勝者のふるまいがわかってくるからだ。誰かを喜ばせること、周りの人を笑顔にさせることが、これほど嬉しいことなのかと実感もできるだろう。その嬉しさが原動力となり、もっと頑張ろうと思えてくるのだ。

そして、勝つ喜びを知ってこそ、負けたときに本当の悔しさが生まれてくる。敗者の気持ちもわかるようになり、涙に暮れる敗者の前で、お祭り騒ぎをするようなこともなくなっていく。これは、どんなことでもそうだと思うが、一方通行のモノの見方では、本質にまで迫ることはできない。双方向から見ることによって、物事を深くとらえることができる。だからこそ、勝つ喜びを知ることが、人の成長につながっていく。

勝ちを求めるために、私は冬場の練習のやり方に少し変化を加えた。

竜ヶ崎一時代には、冬場はバットを振ること、ボールを捕ること、走ることなど、基礎技術・基礎体力の向上に力を入れていたのだが、そこに実戦的な要素を加えるようにした。今では何ら珍しいことではないが、ランナー付きのバッティングや、ケースノック、紅白戦など、「判断力」を伴う練習に時間をかけるようにした。

これは、常総学院がやっていたことに刺激を受けた。木内さんの考えを受けて、コーチをしていた佐々木や入江道夫、大峰真澄部長らが中心となって、真冬の寒い時期にも紅白戦をやっていたのだ。冬から実戦感覚を養っておかないと、春夏の戦いには間に合わない。藤代1年目の冬から、実戦練習を意識して取り入れるようになった。

1点差試合に見る常総学院の強さ

藤代に移ってからも、私の前に立ちはだかったのが木内さんの常総学院だ。就任1年目から毎年ぶつかり、すべて準々決勝よりも上での対決だった。よく知る仲なので、苦手意識のようなものは特になかった。むしろあとで聞いた話だが、常総の子たちのほうが藤代の野球を嫌がっていたそうだ。

〈藤代vs木内監督〉

1998年秋	県	準決勝	○9対4	常総学院
1999年夏	県	準々決	●6対7	常総学院
2000年春	県	準決勝	●5対6	常総学院
2000年夏	県	準決勝	●1対2	常総学院
2000年秋	県	決　勝	●0対2	常総学院（センバツ優勝）
2001年夏	県	決　勝	●5対8	常総学院
2002年秋	県	決　勝	○10対3	常総学院（藤代センバツ出場）
2003年夏	県	決　勝	●1対7	常総学院（甲子園優勝）

1999年夏から1点差で3連敗。周りから見ると、「紙一重」「惜しい」「次は勝て

る」と思うかもしれない。でも、やっている私からすれば「大きな1点差」だと感じた。5対6なら7点までは取れない。1対2なら3点までは取れない。たとえ追い付けたとしても、勝利を手にするまでの力はまだなかった。

2000年夏のエースは、のちに横浜に進む鈴木健之だった。1対1で迎えた11回裏、2アウト三塁から仕掛けてきたセーフティスクイズに対応できず、サヨナラ負けを喫した。「木内さんならやるだろう」と思って、サードを1メートルほど前に動かしておきながらもアウトにできなかった。もし、3メートル前に動かしていたら刺せたかもしれないが、そうなると、三遊間のヒットコースが一気に広くなる。そこまで前に守らせる勇気はなかった。

少し話が飛ぶが、2019年春の決勝で習志野に4対5で競り負けた。4対4の延長10回表、2アウト三塁から右打者が三塁前にセーフティスクイズを転がし、それが決勝点となった。サードの守備位置はベースよりも後ろ。事前に「頭に入れておけよ」と指示を出したのだが、守備位置を前に動かすことまではしなかった。さまざまな作戦が好きな小林徹監督とはいえ、春に手の内を見せるようなことはしないと思ったからだ。サインだったのか、選手の意思だったのかはわからないが、セーフティスクイズを決められた瞬間、藤代時代の2000年夏のサヨナラ負けを思い出した。

かつて、1点差試合に関して、木内さんと話をしたことがある。木内さんが取手二を率いていたとき、たしか秋の序盤戦で、延長15回2対1で辛くも勝った試合があった。周りの監督は、「今年の取手二はたいしたことない。弱いぞ」と話していたのだが、私はそうは思わなかった。

その試合の帰りだったかいつだかは忘れたが、私の車で木内さんを自宅に送り届けたときに、試合を振り返って「木内さん、負けたんならダメだけど、勝ったんだからこれは大きいよね。取手二が最低の状態であっても、2対1で勝った。その力の差は大きいよね」と問いかけると、「そのとおりだ。絶対に負けないことが大切なんだ！」と木内さんは語気を強めていた。

取手二としては、力を発揮できていない試合だった。その一方で、相手は持てる力を存分に出している。それでも、2対1で勝てた。これこそが、本当に強いチームだと思うのだ。力を発揮できたうえで勝てるのは当たり前。大事なのは、自分たちの野球ができなかったときに、勝つことができるか。木内さんが作り上げたチームには、その強さがあった。

継投でつかんだ藤代初の甲子園

常総学院にサヨナラのセーフティスクイズで敗れたあとの新チームには、1年生の井坂亮平（元楽天）と、2年生の市村聡史という異なるタイプの好投手がいた。それまで「エースはひとり」「高校野球で複数投手を育てるのは難しい」という考えでチームを作ってきたが、この2人なら継投も面白いと感じた。

181センチと長身の井坂はストレートのキレと球筋が良く、120キロ台の球速であっても、バッターを差し込める。168センチと小柄な市村は、バッターの手元でピュッと曲がるスライダーが武器。それぞれの良さがわかっていたので、お互いにエースを競って張り合うようなこともなかった。

私が立てた構想は、先発に井坂、後ろに市村。井坂はボールのキレはいいが甘く入ることもあり、長打の危険性があった。後ろよりは先発を任せたほうが、強みを発揮できると私は読んだ。市村のスライダーは初見ではなかなか対応しづらいため、抑えに持っていった。

秋の県大会では準決勝で水戸商を5対2で下し、決勝では常総学院に0対2で敗れるも、茨城2位で地元開催の関東大会に出場した。1回戦、相手は前年夏に日本一を果たした桐生第一（群馬）だった。どちらもピッチャーを中心とした守りのチームで、ロースコアの展開を得意にしている。先発の井坂が好投し、1対1で延長戦に入ると、井坂に疲れが見えてきた10回途中から市村にスイッチ。先攻だったため、常にサヨナラ負けのプレッシャーを感じる中よく粘り、延長15回引き分け再試合となった。その翌日、再び井坂、市村のリレーで、今度は3対1で競り勝つことができた。

昨今、高校野球でも継投が珍しいものではなくなり、今春からの投球数制限（1週間500球以内）の導入によって、さらに継投が増えていくのは間違いないだろう。ただ、監督の立場からすると、高校生の継投ほど難しいものはない。プロのように、いいピッチャーが何人もベンチに控えているわけではないし、抑えに信頼できるピッチャーを置いていても、先発が打たれたら予定より早く投入せざるをえない。私の考えは、シンプルに「先発がいけるところまでいく」。先発が好投しているときに代えることは、私にとっては勇気のいる決断となる。

井坂、市村の継投は、続く2回戦でもはまり、宇都宮工（栃木）に7対2で勝利。例年であれば、関東ベスト4に入れば、センバツ当確だったのだが、この年は常総学院、藤代、水戸商の茨城県勢3校がベスト4に進んだため、「地域性」ではじかれる可能性が生まれた。何としても勝ちたかった準決勝だったが、県大会で勝っていた水戸商に1対6で敗れ、県勢の中で藤代だけが決勝に進めないことになった。

結局、優勝が木内さんの常総学院で、準優勝が橋本実さんの水戸商、三位に藤代が入った。木内さん、橋本さん、私と茨城の高校野球を引っ張ってきたベテラン3人が、県内開催の関東大会でベスト4以上に進んだことで、地元の野球関係者は大変な喜びようだった。

大会後、聞いたところによると、木内さんは「藤代は選ばれねぇよ」と口にしていたらしいのだが、私は「地域性といっても、ベスト4に入っているんだから大丈夫だろう」と思っていた。その読み通り、1月末の選考委員会で出場が決まり、創部初の甲子園出場が決まった。監督就任から数えると、区切りの5年目での甲子園。監督を引き受けるときに、「5年間だけやらせていただきます」と言っていたので、ひとつの責任を果たすことはできた。

センバツ甲子園では、初戦となる2回戦で井坂のベストピッチによって1対0で四日市工（三重）に勝利し、甲子園初出場で初白星を挙げた。井坂が「これまでの公式戦で一番」と言えるくらいの素晴らしい出来で、コントロールが安定していたため、そのまま9回まで任せることができた。先発の調子が良ければ、わざわざ継投する必要はない。なお、うちの得点は1回表の1点のみで、いわゆる「スミ1」。センバツでは10年ぶりとなる「スミ1完封」だったそうだ。

3回戦では、その後決勝まで勝ち進む仙台育英に1対3で惜敗。相手エースから8四死球をもらいながらもチャンスで1本が出ず、13残塁を喫した。ピッチャーは井坂、市村がよく投げてくれただけに、悔しい敗戦となった。

なお、このときショートを守っていた倉持卓の父・透は、竜ヶ崎一時代の同級生で、3年夏には一緒に甲子園に出場した。父親とも息子とも一緒に野球をやり、甲子園でプレーができる。監督冥利に尽きるところである。

打ち勝つ野球を目指すも初戦敗退

春夏連続出場を目指した夏の茨城大会は、準決勝で水戸商に8対6と打ち勝ち、秋の関東大会での雪辱を果たした。決勝の相手は常総学院。今、専大松戸でコーチをしている小林一也が、主将として引っ張るチームだった。初回に3点を先制する幸先のいいスタートも、守備陣が4失策と乱れ、5対8の逆転負けを喫した。市村、井坂の継投も、交代期がうまくいかなかった。基本は守りのチームだけに、守備が乱れてしまうと勝ち目がなくなってしまう。特に常総学院に対しては、ひとつのミスが命取りになる。

ただ、その一方で、ミスが起こらない野球はないわけで、ピッチャーもいつも調子がいいわけではない。失点を重ねたときに、ある程度は取り返せる打力がなければ、上のレベルでは勝てないと思い始めるようになっていた。

次のチームでは、例年以上にバッティングに力を入れるようになった。それまで、守備8、打撃2で練習を組んでいたとしたら、守備6、打撃4のイメージだ。竜ヶ崎一時代から守り重視で戦ってきた私にとっては、大きな変革だった。

しかし、結果はうまくいかなかった。秋は準々決勝、春は準決勝で敗れ、夏は初戦となる2回戦で明秀日立に2対7で完敗した。最上級生になったエース井坂が、春に肩を痛めてしまい、状態が上がらなかったこともあるが、力を発揮できずに敗れた。

「バッティングは水物」とよく言われるが、本当にそのとおりだと思う。どれだけ打ち込みに時間をかけたとしても、ピッチャーがそれを上回る力を持っていたら、簡単には点を取れない。

あの夏に関していえば、ピッチャー陣に不安が残り、「2、3点では勝てない。できるだけ多くの得点が欲しい」という欲が、私の中にもあった。そうなると、1イニングに複数得点を取りにいって、結果的に0点に終わることが出てくるものだ。終わってみたら、「あそこで1点取っておけば」と悔やむ展開にもなる。いつだって負けるときは、監督に責任があるということだ。夏の初戦敗退によって、「守りあっての攻撃」を再確認することになった。

ちなみに……、この世代の親とはとても仲がよく、子どもたちが卒業したあとに、『あの夏は何だったの？』という会を結成した。初戦敗退を自虐的なネタにしているのだ。監督仲間に言うと、みんなが驚くのだが、私と女房を入れて、毎年のように旅行に行っている。昨年夏は総勢30名ぐらいで、北海道に遊びに行ってきた。「監督、お金出しますよ！」となるのだけは嫌なので、「変な気遣いは一切なし！」という了解のもと、楽しく参加している。

子どもたちの在学中は、親との関わりはあえてしないようにしているが、卒業してしまえばすべてフラットだ。付き合いが長くなってくると、私にも言いたい放題。高校3年間、甲子園を目指してともに戦ってきたからこそ生まれる、幸せな時間である。

55歳で監督生活に区切りをつける

この頃、監督としての区切りを考えていた。周囲は、当たり前のように60歳までやると思っていたのだろうが、私の想いは違った。竜ヶ崎一の晩年のときのように、「野球部監督」としての立場が強くなっていき、ほかの教職員に迷惑をかけることが増えていたのだ。〝おんぶに抱っこ〟の状態で、お世話になりっぱなしだった。

さらに言えば、竜ヶ崎一のとき以上に、チヤホヤされるようにもなった。そうなると、それをよく思わない人も出てきて、同じぐらい足を引っ張ろうとする人も出てくるのが世の常だ。

こうしたさまざまな環境が重なって、自分の中で「55歳で辞める」と決めた。私のことを慕って藤代を選んでくれた子どもたちには本当に申し訳ないが、周りに迷惑をかけながら生きるのであれば、自分からスパッと身を引いたほうがいい。2003年が55歳になる年だった。学校側との話し合いで、2003年3月で県教員を辞職し、その年の夏までは外部指導者として関わることに決まった。

最後は、子どもたちを甲子園に連れていってあげたい。「最後の1年」という気持ちで臨んだ新チームは、バッテリーを中心とした守りをもう一度鍛え上げるため、例年よりも練習試合の数を減らして、守備の強化に時間をあてた。その結果、秋の県南地区大会から県大会準々決勝まで、4試合連続無失点での勝利。準決勝で水戸短大付属に3対2で競り勝つと、決勝では常総学院に10対3で快勝し、創部初優勝を飾った。関東大会でも横浜商工（現・横浜創学館）に7対0、東海大甲府には4対3で競り勝ち、2度目のセンバツ切符を手中におさめた。

このときにエースを務めていたのが、当時1年生の美馬学だ。とにかく気持ちの強い男で、怒られても怒られても、向かってくるような子だった。一番印象深いのが、関東大会の東海大甲府戦だ。初回、先頭打者に外野の前にポトリと落ちる二塁打を打たれたあと、ピッチャー前の送りバントを美馬が間に合わない三塁に投げるなど、あっという間に3点を取られた。ベンチに戻ってきたとき、美馬に対し「ひとりで野球をやってるんじゃないんだよ!」と叱りつけた。すると、その後は冷静ながらも、気持ちを込めたピッチングで9回まで無失点。1点差ゲームを制して、ベスト4入りを決めた。

美馬とバッテリーを組んでいたキャッチャーが、1学年上の新岡裕豪だった。監督としてこれまでさまざまなバッターを見てきたが、自分が関わった中で、最高のバッターが新岡だ。ボールをとらえる感覚、さまざまなボールへの対応力など、打つことに関しては群を抜いていた。1年夏から四番を任せ、2年秋の時点で高校通算37本塁打を放っていた。175センチ85キロのドカベン体型で、そのキャラクターも注目を集めた。間違いなくプロに行く子だと思ったが、中央大学に進んでから体重がどんどん増えていき、持っている能力を発揮できなかったのが残念である。

信頼できるバッテリーで臨んだ2度目のセンバツは、2回戦(初回)で駒大苫小牧に

2対1で競り勝ったが、3回戦は徳島商に1対6で敗れた。4回裏に一挙5点を失い、そのイニング以外は抑えていただけに悔しい敗戦だった。

これで監督として4度出場した甲子園は、いずれも初戦は突破するも、2つ目で敗戦となった。敗れた4試合は際どい勝負で、紙一重の戦いだった。松山商、星稜、仙台育英、徳島商……、負け惜しみではないが、まったく勝てない試合ではなかったと思う。それでも敗れたとなると、監督の責任だ。私がもっと勝ちにこだわって、ガツガツとやっていたら結果は変わっていたかもしれない。

差はどこにあったのか。一番感じたのは、ポイントとなる場面での勝負強さや勝負勘だ。「ここで1本出たら」「ここで抑えることができたら」という勝負所で、甲子園常連の強豪校は、ベンチも含めたチーム全員がグッと集中して力を発揮する。日頃の練習や生活から、甲子園で勝つために取り組んでいることが、ここ一番での勝負強さにつながっているのだと思う。

竜ヶ崎一や藤代は県立高校であり、野球だけに打ち込める環境ではない。甲子園で勝つことよりも、現実的には「甲子園出場」が目標になっていた。日本一を目標にやっているチームと比べると、どこかで甘さが出ていたのかもしれない。

ライバル・常総学院から監督のオファー

少し話が戻るが、美馬－新岡のバッテリーでセンバツ出場が決まった2月はじめ、スポーツ新聞に『常総学院、木内幸男監督今秋にも勇退、後任は持丸修一氏有力』という記事が掲載された。記事が出る前からいろんな噂が流れていたのだが……、藤代を辞めることを聞きつけた木内さんから「おめぇ、うちに来ないか？　常総でやらないか？」と言われていたのは事実だ。でも、具体的な話には進んでいなかったので、本気だとは思っていなかった。

そこから話が進んでいき、木内さんから正式な依頼を受けて、悩んだすえに監督を引き受けることにした。5月19日、常総学院が関東大会の初戦で勝利したあと、この話が公になった。木内さんから話をもらった当初は、「おれがやるべき高校ではない」と思っていた。それでも監督を受諾したのは、「常総学院が弱くなってはいけない」という気持ちが強くあったからだ。茨城の高校野球を引っ張ってきたのは、間違いなく木内さんであり、常総学院である。「木内さんが辞めたから弱くなった」では、茨城全体に悪影響を及ぼすことになる。

はじめ、木内さんが辞めると聞いたときには、寂しさがあった。勝負の世界では〝目の上のたんこぶ〟ではあったが、試合を離れれば〝親父〟のような存在で、本当にさまざまなことを教えてもらった。

本来、後任は取手二時代の教え子であり、1991年から常総学院でコーチをしている佐々木が務めるべきなのだが、木内さんからダイレクトに佐々木にバトンが渡ると、佐々木は苦労をするし辛いだろうなと思った。木内さんは言いたいことをズバズバ言う性格なので、佐々木も困ることが出てくるはず。教え子となれば、心の中で思っていることがあっても、恩師にはなかなか言えないものだ。もしかしたら、木内さんのプレッシャーにつぶされてしまうかもしれない。その点、ある程度年齢を重ねている私であれば、対処ができると考えた。

最初の話では、「監督を10年間お願いする」という流れだったと思うが、「私は佐々木につなぐための役割で十分です。長くやるつもりはありません」と、年数を短くしてもらった裏がある。

藤代ラストイヤーは木内・常総との決戦

こうした背景もあり、2003年夏は私にとって藤代で迎える最後の大会となった。木内さんも「この夏で終わり」と公言していて、負けた瞬間に監督生活にピリオドを打つことになる。そのため、常総学院の試合は序盤からマスコミの注目を集めていた。

それでも、負けられないのは私も一緒だ。「何とか、甲子園に連れていってあげたい」という想いで戦った夏は、レギュラー陣にケガ人が出る苦しい戦いながらも、チーム一丸となってひとつずつ勝ち上がり、決勝まで勝ち進んだ。

トーナメントの逆ゾーンから上がってきたのは、もちろん、木内さんの常総学院だ。これ以上ない舞台が整った。次に移る学校と決勝戦を戦う経験など、全国的にも珍しいことだと思うが、そうしたことは一切意識せずに大一番に臨んだ。「最後のゲームセットまで、藤代の人間として頑張りたい」というのが、私の気持ちだった。

試合前、常総学院を封じるポイントとして警戒していたのが、一番・平野直樹と二番・泉田正仁の上位2人だ。この2人を出塁させると、ランナーを置いてクリーンアップに回ることになり、ある程度の失点を覚悟しなければいけなくなる。常総学院は準決勝までの5試合で、43得点の攻撃力が武器だった。

だが、1回裏にいきなりの先制攻撃を食らうことになる。美馬が先頭の平野に内野安打で出塁されると、続くは泉田。私は「初球はストライクを取って、そこから配球を考えていこう」と指示を出していたのだが、そのストライクを完璧に狙われ、レフトの場外に消える先制2ランを打たれた。カウントを取りにいったストレートだった。まさか、初球から強振してくるとは……。ストライクを取りにくることを予想していたかのような、常総学院の攻め方だった。木内さんは「いいピッチャーほど、バントをやらせようと思って、いい球が来るもの」と、マスコミの取材に答えていた。

ホームランを打った泉田は2年生だったので、私が常総学院に移ってからは、監督と選手の関係になった。キャプテンを務めたのも泉田だった。そこで初めて、泉田とじっくり付き合うようになってわかったのは、変化球に脆さがあるということ。ストレートには滅法強いが、変化球は苦手。決勝の場面では、何も真正直にストレートで攻める必要などなかったのだ。あの一発は、今も忘れられない。「強豪と戦うとき、ランナーがいるときの初球はボールから入ることも必要」という教訓を与えてくれた試合だった。

この2点で主導権を握られると、2回裏にも2点を追加され、完全に常総学院のペースとなり、最終的には1対7の完敗。1回裏の2点で、大勢は決していたと言っても過言ではない。

次期監督として常総学院の甲子園に帯同

茨城大会の決勝戦が7月26日。当初の予定では、夏の甲子園が終わったあとに、常総学院の監督に就く流れだった。が、県大会決勝の3日後には木内さんに呼ばれ、常総学院のグラウンドで一緒に練習を見ていた。このとき、「バッティングピッチャーを貸してほしい」という要望もあり、藤代の3年生2人を一緒に連れていった。当時、少し記事になったので「そんなことは珍しい」と言われたのだが、じつは以前からやっていたことだった。

たしかに、他校のピッチャーがライバル校のバッティングピッチャーを務めるのは珍しいことだろう。だが、私と木内さんとは何でもありの関係で、よく練習試合も行っていた。普通なら、県内の強豪校同士が練習試合を頻繁にやることなど考えられないだろうが、それほど木内さんと私とは深い関係性があったのだ。

「常総学院、次期監督」として甲子園にも帯同した。そんなに長くいるつもりはなかったのだが、準々決勝まで帯同し、そのあとは茨城に戻り、常総学院の新チームの準備にとりかかった。

ご存じのように、木内さんは〝最後の夏〟に甲子園で優勝を果たす。決勝では東北高校（宮城）のダルビッシュ有（当時2年生／シカゴカブス）から4点を奪い、逆転勝ちをおさめた。私が常総学院の監督を辞めたあとに木内さんは再び監督に復帰するので、本当は〝最後〟ではなかったが、あのときは「これで勇退」という流れができていた。勇退の年に日本一を果たすなんて、ドラマや漫画でも描けないことだろう。取手二に続いて、夏は2校目の日本一。取手二のときは圧倒的な強さを感じたが、このときの常総学院にはそこまでの強さはなかったように感じる。「木内マジック」とは簡単に言いたくはないが、采配がはまっていたのは事実だろう。

練習に帯同する中で少し気になったのが、右サイドの飯島秀明の状態だった。夏の茨城大会では、磯部洋輝と仁平翔の左二枚が中心で、飯島が投げたのは1試合、それもわずか1回3分の1イニングのみ。そこでも2安打2失点と結果を残せなかった。前年夏の甲子園で投げるなど、下級生のときから実績を重ねてきた飯島が復調してくれば、投手陣に厚みが増す。

県大会後のブルペンで見ると、腕が振れていて、球の伸びがいい。かなりいい状態だった。木内さんに「何で投げさせないの？　甲子園では投げさせるんでしょ？」と言うと、「こいつは、打たれるんだよ」と信頼がないようだった。でも、打たれるかどうかは、投げさせてみないとわからない。左が二枚だったので、右サイドの飯島が加われば、継投にもバリエーションが生まれる。木内さんも「本当は、飯島に投げさせたくて仕方ないんだけどな……」と言っていた。

甲子園では、1回戦の柳ヶ浦戦は磯部が9回1失点の好投で完投勝ち。2回戦の前に、木内さんから「飯島投げさせてみっか」という話があり、智辯和歌山戦は磯部、飯島のリレーで、6対3で勝利した。5回途中からマウンドに上がった飯島が、4安打1失点に抑える好投を見せてくれた。9回に1アウト満塁のピンチを迎えたが、落ち着いたマウンドさばきで後続を封じた。ここから飯島の信頼度が上がり、決勝まですべての試合でリリーフ登板。最後の優勝の瞬間、マウンドに立っていたのも飯島だった。

結局、22回3分の2イニングを投げて防御率0・40と、素晴らしい活躍を見せた。木内さんも「神様、仏様、飯島様だ」と口にしていたほどで、飯島の復調なくして日本一は成し遂げられなかっただろう。

常総学院時代

木内監督の真似はできない

〝木内色〟が薄くなったところで次期監督につなぐ

まさか、自分が私立の監督、しかもライバルとして勝負を挑み続けてきた常総学院の監督になるとは思ってもいなかった。

常総学院は土浦市にある1983年創立の男女共学の私立で、野球部は創立と同時に誕生した。木内さんが1984年夏に取手二で全国制覇を果たしたあと、直後の新チームから常総学院の監督に就任。高校野球に強い情熱を持つ櫻井富夫理事長（当時）からの誘いがあってのことだった。

1987年春にエース島田直也（元近鉄など／2020年4月から常総学院コーチ）、1年生の仁志敏久（元巨人など）らを擁して初めて甲子園の土を踏むと、同年夏には甲子園準優勝を果たした。ここから、あっという間に甲子園常連校となり、1994年春にはセンバツ準優勝。そして、2001年春、2003年夏と、短期間で2度の全国制覇を成し遂げた。木内さん在任中は、春夏合わせて14度の甲子園出場を誇り、32勝12敗という高い勝率を残した。

常総学院の監督は、木内さんからの誘いでなければ、断っていたのは間違いない。「55歳で監督を辞める」と決めていたのに、55歳になったところで常総学院に移る。本当に、人生は何が起こるかわからないものだ。

期間は5年ぐらい。いい形で佐々木につなげられたら……という気持ちだった。私が監督になることでワンクッション入れ、時間が経って〝木内色〟が薄くなったところで、次期監督の佐々木にバトンを渡す。とにかく「常総＝木内」という周囲の意識を、少しでも弱めるのが理想だと考え、監督を引き受けることにしたのだ。

佐々木は、木内さんのもとで取手二の選手時代に日本一を経験し、1991年に常総学院のコーチになってからは、2001年センバツ、2003年夏の甲子園と2度の全国制覇を支えてきた。采配や選手起用のうまさは、木内さんの真骨頂といえるところだったが、試合で戦うための技術や戦術を作り上げたのは佐々木や入江、大峰らスタッフ陣の手腕だと私は思っている。常総学院を全国レベルに押し上げたのは、木内さんの力はもちろんだが、それを支えていた佐々木たちの力も大きかった。私は佐々木のことを、監督の木内さんとともに茨城の高校野球を全国レベルに引き上げたひとりだと、野球人として認めている。

就任会見のときに「プレッシャーを感じないと言ったらウソになるが、持丸らしい野球をやっていきたい。木内さんの真似をすることはできない」と答えた記憶がある。「常総学院＝木内野球」であり、何をするにしても「木内さんのときはこうだった」「木内さんならスクイズを仕掛けた」というように、比較されるのは目に見えていた。結果が出ているうちはいいだろうが、勝てないようなことが続けば、その声が余計に高まることは容易に想像がつく。

「勝てない」というのは、常総学院の場合は「甲子園で勝つ」という意味だ。これまでの竜ヶ崎一や藤代とはまったく違う。甲子園に行くのは当たり前であり、そこから先まで見据えている学校だった。「甲子園出場、全国制覇」は、子どもたちの中に当たり前のようにある目標で、甲子園に出ることによって、常総学院で野球をやっていることのプライドを保つこともできる。

しかし、だからといって、勝つことだけ求めていくのは、私の野球ではない。全力で戦ったすえに負けを経験することも、長い人生を考えたときには人としての器を広げる大きな糧となる。私がやることは、人として大事にすべきことを伝えていくことだった。その根底は、竜ヶ崎一、藤代のときから変わってはいない。

守りの重要性を再認識した夏の敗戦

全国制覇した直後の2003年は、夏の甲子園で決勝まで勝ち進んだため、新チームの始動は8月下旬からになった。そこから、練習試合を6試合しかできない中で迎えた秋の大会は、2回戦で明秀日立に24対0で大勝するも、準々決勝で水城に3対4で競り負け、翌春のセンバツ切符を早々と逃すことになった。

選手の特徴を掌握しきれず、私自身が常総の野球にも対応できなかったところがあった。1点差負けとなれば、なおのこと監督の責任が大きくなる。何歳になっても、負けたときは反省ばかりだ。

冬は実戦練習を中心にして立て直しを図ったが、翌春は準決勝で水戸商に0対2で敗れた。甲子園連覇、そして茨城大会4連覇がかかった夏は、2回戦から準決勝までの5試合で43得点5失点と投打がかみ合い、決勝進出。決勝の下妻二戦でも、序盤に2点を先制するも、記録には表れない守備のミスが続き、2対8の完敗を喫した。併殺を取れるところで取れなかったり、外野手が判断を誤って長打にしてしまったり、悔やまれるミスが続いた。

常総学院には、県立に比べるとパワーのあるバッターが多い。はまったときは一気に複数得点を取れるが、うまくかわされたときにはなかなか得点を奪えない。たとえ破壊力のある常総学院であっても、トーナメントを勝ち続けるには守れなければ勝てない。

守りあっての攻撃力であることを、再認識する夏となった。そこは私立だろうが県立だろうが、トーナメントを勝ち抜くための鉄則といって間違いないだろう。

守りの整備に力を入れた新チームは、秋の県大会決勝で波崎柳川に敗れるも、関東大会で二松学舎沼南、前橋商に競り勝ち、ベスト4入り。翌春のセンバツ甲子園出場をほぼ決定づけた。

だが、肝心のセンバツでは自信を持っていた守備が崩れ、まさかの3失策。そのうち2つがタイムリーエラーとなり、劣勢の展開を強いられた。5回を終えて2対6。先発は5回途中まで被安打3ながらも、8四死球にエラーが絡み失点を許していた。こうなると、交代期が難しい。5回途中まで引っ張ったが、思い切った継投をできなかった反省が残った。結局、終盤の反撃も及ばず、5対6で敗れた。

春夏連続出場を狙った夏は、準々決勝で前任校の藤代に3対5の逆転負け。序盤に主砲・勝田憲司の2ランなどで先制するも、送り込んだ5人のピッチャーが藤代の攻撃を食い止めることができなかった。力で負けたわけではない。勝てるチャンスは十分あっただけに、敗戦の責任は私にある。

そして、この年の9月から木内さんが総監督で復帰することになった。当時はいろんな噂が出ていたが、復帰をお願いしたのは私だ。常総学院を作ったのは木内さんであり、監督を離れたからといって、グラウンドから離れるのも何か違うと思っていたのだ。グラウンドに来れば思ったことをズバズバ言う人ではあるが、それが木内さんのいいところでもある。実際に復帰したあとには、ブランクは一切感じさせぬエネルギーを持っていた。木内さんの力を借りて、再び甲子園を目指すことになった。

甲子園に行けなかったからダメなわけではない

その後の常総学院は、2006年夏の茨城大会を制するも、甲子園では熊代聖人（西武）や宇高幸治（日本生命）のいた今治西に8対11で打ち負けて初戦敗退。2006年といえば、早稲田実・斎藤佑樹（日本ハム）と駒大苫小牧・田中将大（ヤンキース）との投げ合いに沸いた年だが、常総学院は早々と甲子園を去った。

特待生問題に揺れた2007年は、夏の茨城代表を勝ち取るも、甲子園の初戦で京都外大西に延長12回3対5で敗れた。10回表、11回表に相手に勝ち越しを許す中、打線が粘って2度追い付いてくれたが、最後は力尽きた。試合後、私は「優秀な監督なら継投していましたね」というコメントを残している。偽らざる本音である。

この試合は、のちに阪神に進むエースの清原大貴（興国高校コーチ）にすべてを託し、清原が延長12回まで投げ抜いてくれた。球数は165球。延長に入ってから当然疲れはあったはずだが、代えるに代えられない展開だった。そこで改めて感じたのは、「エース一本で勝つ県立の野球をやっていた」「私立の戦い方がわからなかった」ということだ。木内さんであれば、スパッと代えていただろう。

この敗戦を最後に、常総学院の監督を辞任した。負けたからというわけではなく、夏が始まる前から、「ここで終わり」と自分の中で決めていたのだ。佐々木にいい形でバトンを渡したいと引き受けた監督であるが、学校側が望むような結果を残すことはできず、木内さんが監督に復帰することになった。

中学生のリクルート、選手の寮生活、学校側の支援や期待など、県立と私立にはさまざまな違いがあった。「それは違うんじゃないか?」と思うこともいくつかあったが、常総学院での経験があったうえで、今の持丸修一がいるのであまり多くは語りたくない。甲子園で勝てなかったのは、監督の責任。この事実だけは変わらない。

選手は、本当によく頑張ってくれたと思う。甲子園を逃した代にも、甲子園で負けた代にも伝えていたのは、「甲子園に行けたから偉い、甲子園に行けなかったからダメだったなんてことは絶対にない。それは野球の結果に過ぎない」ということだ。甲子園出場が当たり前の常総学院の場合は、甲子園に行けなかったときの選手の落ち込みようが激しい。甲子園にそれだけの気持ちをかけて戦うのは大事なことだが、「行けなかったからすべてを失う」とは絶対に思ってほしくないのだ。

社会的に、高校野球がこれだけ大きな存在になったのは、甲子園で勝った人間だけでなく、負けた人間にも感情移入できるほどの頑張りを、高校生が見せているからだと思う。それは、地方大会も同じだ。毎年優勝を狙う強豪校もあれば、ひとつ勝つことを目標にしている高校もあれば、9人揃っての単独チームで出場を目指す高校もある。すべての高校、すべての球児にドラマがある。目標に向かって突き進んでいる若者の姿が、多くの人たちの心を打つのだ。

競技スポーツだから、勝ち負けは当然生まれる。負けの中には力を出し切った負けもあれば、出し切れなかった負けもあるだろう。「あのとき、もっと練習しておけば」と自分を責めたくなることもあるかもしれない。それでも、涙をこぼして悔しがれることも、長い人生においては貴重な経験になる。仲間とともにひとつの目標を叶えるために頑張ることは、大人になるとなかなかできないものだ。

だから、甲子園に出られなかったからといって、肩身の狭い思いをすることなんてまったくない。「常総で3年間やり切った」と胸を張って、次のステージに進んでほしい。3年間の学びを、次に生かすことのほうがはるかに大事なのだ。

木内監督復帰後の常総学院

この章の最後に、その後の常総学院についても触れておきたい。

私が監督を辞めたあとは、木内さんが監督に復帰して2008年夏、2009年夏と茨城大会を連覇。私がいた2006年から数えると、夏4連覇となった。これは、茨城の高校野球では戦後最長の連覇記録である。なお、戦前まで含めると、第1章で紹介した竜ヶ崎中の5連覇が最長となる。こうして改めて振り返ると、竜ヶ崎一の歴史の深さも感じることができる。

ただ、夏の4連覇中、甲子園では一度も勝てずにすべて初戦敗退だった。そして２０１１年5月に、木内さん自らの口から夏を最後に引退することを発表した。その年の7月に80歳を迎え、さすがに健康面を考えると、これ以上は続けられないという気持ちがあったのだろう。最後の夏は準決勝で藤代に敗れ、甲子園を前にして監督生活にピリオドを打った。

木内さんを破った藤代は、そのままの勢いで決勝戦を勝ち、2度目の夏の甲子園出場を決めた。藤代は、私が監督を辞めたあとも強さを保ち続け、常に優勝争いに絡むチーム力を持つようになった。就任した当初のことを思えば、信じられない想いと同時に、関わった人間のひとりとして嬉しく思う。

常総学院は木内さんが勇退したあと、佐々木が監督に就いた。１９９１年からずっとコーチ一筋で戦い、チームが良いときも悪いときも選手のために尽くしてきた男だ。20年もコーチをやってきた男など、全国を見渡してもそうはいないだろう。

佐々木は就任2年目の２０１２年夏に甲子園初出場を果たすと、２０１３年夏、２０１５年センバツ、２０１６年夏と、甲子園で3度のベスト8入り。強い常総学院をしっかりと引き継いでいる。

ただ、勝つこともあれば負けることもあるのが野球だ。2019年のチームは、投打ともに力がありながらも、秋春夏すべて9回サヨナラ負けという信じられない敗戦を喫した。茨城の仲間から、「常総どうなってんだ」と連絡が来たが、「おれは何も知らねぇよ」と答えるしかなかった。

常総学院は、2016年夏を最後に甲子園から遠ざかっている。今年のチームは、菊地竜雅、一條力誠とドラフト候補のピッチャーが2人いて、佐々木も大いに期待していただけに、夏の甲子園中止には無念が残るだろう。甲子園に行けなくなれば、外野がうるさくなってくるのが常総学院だが、誰も木内さんの真似などできるわけがないのだ。佐々木は佐々木らしく、自分の良さを発揮してほしい。

第3章

「信じる力」でつかんだ4校目の甲子園

59歳にして新天地・千葉での挑戦が始まる

常総学院を辞めたのが59歳のときになる。年齢からして、高校野球の監督をやるのはこれが最後。母校・竜ヶ崎一に戻って、外部コーチとしてチームを手伝う話も進んでいた。時間があるときには、キャンピングカーで温泉やゴルフ場を回ったりしたいとも思っていたのだが、それまでまったくつながりのなかった学校から、予期せぬオファーが舞い込んだ。

2007年の秋が終わる頃だったと記憶している。もともと、専修大に知り合いの先輩がいて、「専大松戸が野球部の監督を探しているらしいよ」という話を聞いていた。でも、自分にはまったく関係のないことで、「いい人が見つかるといいね」などと軽く話していたのだ。

それがあるとき、その先輩から「持丸、常総の監督、お疲れ様でした。東京で送別会を開くのでぜひ来てほしい」と連絡があった。東京の神田だったと思うが、指定されたお店に入ると、見たことのない人がいた。私よりも年齢は少し上だろうか。その人が専大松戸の富山尚徳理事長だった。先輩が、私と理事長を引き合わせるために設けた一席だったのだ。

理事長はその場で、高校野球の魅力について力説された。よく覚えているのが、「高校野球は日本の文化」と語っていたことだ。理事長は、甲子園に出ること以上に、高校野球をすることによって人間性、社会性、協調性を身につけてほしいと、熱く話をされていた。そして、「専大松戸野球部監督」のオファーを受けた。これはあとで聞いたことだが、私が元教員だったことが興味を持ったきっかけだったそうだ。先生としての目線を持って、子どもたちを育ててくれると思ったという。

ただ、すぐには返事ができなかった。竜ヶ崎一の外部コーチの話がほぼ決まりかけていて、理事長には正直に「母校のコーチを2年間だけやらせてください」と相談した。しかし、理事長は「先にうちに来ていただきたい」と首をタテに振らなかった。

そのあと4、5回はお会いしたと記憶している。最終的には、理事長の高校野球に懸ける情熱に押されて、監督を受諾することに決めた。本当に野球が大好きな人で、野球に対する愛情に溢れている。勝つことだけが目標ではなく、目標に向かう過程に価値があるという考えを持っていて、私の信念と一致するところがあった。つまりは、高校野球における教育的価値を心から理解している。「是が非でも甲子園に出ていただきたい。寮でも何でも作るので、県外から選手を獲ってください！」という考えであったなら、監督は引き受けなかっただろう。

茨城の自宅から、松戸のグラウンドまでは車でだいたい1時間。通勤時間は長くなるが、車の運転は大好きだし、物事を考えるにはちょうどいい時間でもある。たくさんの仲間や教え子、ＯＢに助けてもらっていた地元の茨城とは違って、千葉に行けば外様だ。「外から来た人間には簡単には勝たせない」と思う監督もきっといることだろう。私が茨城で戦っていたときに、もし他県から来る監督がいたら、たぶん同じことを思う。やっぱり、その県で長く戦ってきた人間にはプライドがあるものだ。

60歳を目前に控え、新たな地での監督生活がスタートした。

投手力だけでは夏の千葉は勝ち抜けない

専大松戸を指揮する前は、茨城も千葉もさほど大きな違いはないと思っていた。同じ高校野球であり、隣県であり、千葉の学校とは練習試合でも関東大会でも何度も対戦している。千葉で勝つのは簡単ではないと重々理解していたが、チーム作りや戦い方をそこまで変える必要はないと考えていたのだ。

ピッチャーを中心とした守りの野球。このスタンスは変えずにチームを作り、2010年には林田かずな、上沢直之の二枚看板を軸に、ベスト4に入ることができた。

問題はここからだった。優勝争いには絡むのだが勝ちきれない年が続いた。翌2011年から春は準優勝、優勝、準優勝と3年連続で決勝に進んで夏のAシードを獲得するも、肝心の夏は2011年4回戦（●2対3東京学館浦安）、2012年準決勝（●延長11回3対4柏日体）、2013年準決勝（●延長13回2対3木更津総合）とすべて1点差負け。2013年は、ソフトバンクで活躍する高橋礼が押し出しフォアボールを与え、無念のサヨナラ負けとなった。1アウト満塁フルカウントから、自信を持って投げたスライダーが外れて押し出し。その話については、第4章で詳しく紹介したい。

ロースコアでの接戦は、茨城時代から続く私の戦い方であるのだが、勝ちきるまでに至らない。2013年に関しては、ひとつ前の準々決勝（対拓大紅陵）でも1対0という際どい試合をしている。こうした試合が続くと、どうしてもピッチャーに疲労が溜まってしまう。「1点も取られてはいけない」と思えば思うほど、体力的にも精神的にも負荷がかかっていくものだ。

さらに、年数が経つにつれて重く感じるようになったのが、茨城と千葉の参加校数の違いだ。昨年を例にとると、茨城は94校で千葉は170校。夏の大会を勝ち抜くには、シード校の場合、茨城は6連勝、千葉は7連勝が必要になる。この1試合＝1勝が思った以上に大きいのだ。

まず、参加校数が多いことによって、必然的に難敵が増える。千葉は私立県立関係なく「好チーム」が多い。ベスト32、あるいは64あたりから気の抜けない戦いが続くため、エースを投げさせざるをえない。そうなると、そこを勝ち抜いたとしても、準々決勝以降の3試合のピッチングにどうしても影響が出てくる。1試合多いということは、最低でもプラス9イニング戦うための体力、精神力が必要になる。

こうなってくると、大会終盤にピッチャーの力で勝つには、よっぽどタフで馬力がなければ難しい。ピッチャーはある程度打たれることを想定したうえで、打線が取り返す攻撃力を持っていなければ、千葉では戦えない。茨城では、特に竜ヶ崎一と藤代を率いていたときには、3対1や3対2で勝てる野球を目指していたが、千葉では5対3や6対4で勝つようなチーム作りが必要だと感じた。私の感覚では、茨城は投手力で勝ち上がれたが、千葉は投手力だけでは最後に力尽く。千葉を勝つには、走攻守すべてがAランクで、かつ特徴のあるチームでなければ勝てないと痛感したのだ。

決して、茨城のレベルが低いと言っているわけではない。茨城で優勝する学校は、千葉でも優勝できる力を持っている。これはいろんな人に話しているのだが、その都道府県でトップを獲る高校は、どこの地方大会に出ても頂点を狙える力がある。それだけ、優勝するチームは何か秀でたものを備えているのだ。

千葉に来てから気を配ったブロックサイン

もうひとつ付け加えるとすると、千葉のほうがさまざまなところに目を配る必要性があった。たとえば、監督がベンチから出すブロックサイン。茨城では見破られることはほとんどなかったのだが、千葉では「相手にばれている?」と感じることが何度かあった。ある試合では、サインの出し方を変えたにもかかわらず、すぐに見破られた。千葉のいやらしさというか、ソツのなさというのか、適切な表現が見つからないが、茨城と同じようにサインを出していたらやられてしまう。サインに関しては、千葉に来てからかなり気を遣うようになったのは事実だ。

千葉には個性派の監督が集う。茨城のときのように、深い付き合いがあるわけではないので、戦いの中でしか性格を知りうることはできないが、何となく私の中で感じるところはある。

毎年のように対戦する、木更津総合の五島卓道監督から感じるのは「辛抱強さ」だ。2019年夏の準決勝、木更津総合対習志野。なかなか状態が上がってこなかったエースの根本太一を、8回2アウト二塁という厳しい場面で送り込んだ。最後は延長11回にサヨナラ負けを喫したが、我慢強く根本の復活を待ち、信じた五島監督らしい采配だったと感じる。

木更津総合とともに千葉県を引っ張る習志野の小林徹監督は、正直よくわからない。その〝わからなさ〟が、小林監督の特徴でもあるのだろう。

相性が良くないのは、東海大市原望洋の相川敦志監督だ。夏は3度戦い、すべて負けている。しかも準決勝、決勝、準々決勝と終盤で負けているので、余計に無念さを感じる。「こういうことをしてくるだろう」という読みが、ことごとく外れるのだ。「ここでバント?」「ここで打つの?」と感じることがたびたびある。望洋とやるときは、相手の作戦を読んだりせずに、選手の力を信じて戦ったほうがいい結果につながりやすい。

ウエイトトレーニングの導入で変革をもたらす

2011年から夏のAシードを3年連続で獲得しながらも、甲子園には手が届かなかった。夏に負けているということは、結果的に何かが足りないということだ。その先も同じようにチームを作ったら、同じような負け方をしてしまう可能性が高い。

そこで、2013年の冬から取り入れたのがウエイトトレーニングである。狙いは筋力アップ、体重アップ、体力アップだ。勝てないことを打開する起爆剤になればと導入した。トレーナーを招聘し、シーズン通して週2日(月曜と水曜)、トレーニング日を設けるようにした。学校とグラウンドは、10キロほど離れた場所にあり、日頃は専用バスで20分かけて移動しているのだが、週2日はウエイトルームがある学校に残って、トレーニングに時間をあてる。

今は多くの強豪校が、ウエイトトレーニングを導入していると思うが、私にとっては勇気のいる決断だった。もともとトレーニングに時間を割くのが好きではなく、昔の人間なので「そんな時間があるなら、野球をやったほうがいい」という考えを持っていたからだ。だから、私にとってはウエイトトレーニング＝我慢の時間でもある。好きな練習の時間を削って、体作りに時間をあてているわけで、成果につながらなければいつでもやめようとも思っていた。

トレーニングがある日は、トレーナーにすべてを任せて私はオフを取る。選手も毎日、監督と顔を合わせていたら嫌になるだろう。監督の目を気にせず、一心不乱にトレーニングに取り組む。そのぐらいの距離感がちょうどいい。手を抜く子がいるとはこれっぽっちも思っていないし、心配もしていない。「甲子園」という目標があるのなら、彼ら自身で前向きに頑張るはずだ。

以前、ベイスターズからＪＦＥ東日本に再入社した須田幸太がグラウンドにあいさつに来たことがあった。土浦湖北・小川の教え子ということもあり、昔から付き合いがあるのだが、須田がいいことを言っていた。

「野球で一番になりたいと思ったとき、苦しいトレーニングが楽しくなりました」

高校時代はそんなことを口にするような子ではなかったと思うが、さまざまな経験をしてきて、大人になったのだろう。やっぱり、何をするにしても〝自分でやる〟ことが成長のカギを握ると、須田の言葉から実感した。誰かからやらされているうちは伸びていかない。

そして、ウエイトトレーニングの導入と同時に、打ち勝てるチームへのモデルチェンジを図った。これには伏線がある。前年秋の千葉大会の準々決勝で、市立船橋に0対2の完封負けを喫した。終盤、たしか8回だったと思うが、1アウト一、三塁のチャンスがあった。「仕掛けて1点を取りにいくか、あるいは思い切って打たせるか……」。ベンチにいる私は悩んだすえに打たせたが、得点には至らなかった。

「仕掛けておけばよかった」という話ではない。そんなことで悩むくらいなら、あの場面は最初からガツンと打たせて、同点や逆転を狙いにいったほうが、子どものためにもよかったのかなと思ったのだ。打てる力を持った子も揃っていて、鍛えていけばチーム全体の打力は上がる可能性があった。この負けを機に、バッティング練習を増やすようになった。

そこで、つながってくるのがウエイトトレーニングだ。打つためにはパワーが必要であり、パワーを高めるには筋力が必要になる。スイングスピードが速くなり、飛距離の伸びる実感があれば、トレーニングにもより真剣に取り組むはずだ。竜ヶ崎一や藤代を率いていたときには、「守備8、打撃2」の割合と記したが、専大松戸に来てから両者の割合が少しずつ近づいていき、この2013年冬からは「守備5、打撃5」になった。守れる選手よりも、打てる選手を積極的に起用するようにもなった。

さらに、野球をプレーするうえでの気持ちにも変化を求めた。子どもたちには、こんな話をした。

「楽しい野球、面白い野球をやろう」

せっかく、好きな野球をやっているのだから楽しくやろう。ピリピリした守り合いも悪くはないが、野球の原点はストライクを思い切り打つことであり、ヒットを打ち、得点を取ることが面白い。守りの野球を掲げてきた私からすると、大きな転換だった。

藤代のページで語ったが、子どもたちにはいつも「失敗は成功のもと」と話している。チャレンジなくして、成功はない。どうしたら、夏の千葉を勝ち抜けるのか。7つ勝つためには、何が必要なのか。指導者である私も、新しいチーム作りに挑戦したのだ。

人の心は騙せても自分の心は騙せない

ウエイトトレーニングを導入した直後の2014年、ひとつの成果が出た。投打がかみ合い、春の千葉大会で2度目の優勝を果たすと、夏は準々決勝で木更津総合に10対3で打ち勝つなど、創部初の決勝進出を果たした。決勝では、連投の疲れが溜まったエースの金子弥聖が力尽き、東海大望洋に2対13で敗れたが、新しく取り組んだことに手ごたえを持てた戦いだった。その一方で、ピッチャーの枚数が足りなかったのも事実であり、ひとりのエースでは勝ち抜けないことを痛感した夏でもあった。

迎えた新チーム、基本コンセプトは変えずに臨んだが、秋は2回戦で松戸国際に2対3で競り負けた。松戸国際はメキメキと力を付けてきた県立高校で、中学軟式野球で実績を残した石井忠道監督（現敬愛大監督）が率いていた。心のどこかで「軟式の中学から上がってきた監督には負けていられない」と、余計な邪念が入っていた。このとき、私は67歳である。そういう年齢になっても、個人的な感情をコントロールできない。子どもらを信じて戦えばいいのに、それができなかったことが情けない。

冬は、バッティングを中心に個々のレベルアップに力を入れる中で、新たなメニューを加えた。全体練習の最後に、100メートル×10本のダッシュを入れたのだ。ルールはひとつ。全力で走ること。1本目でつぶれてもいいので、余力を残さず1本1本に100パーセントの力を出すことを求めた。

私はそばで見ているが、細かい口出しはしない。ダッシュに取り組む彼らの姿勢や表情をじっと観察しながら、「この子は、土壇場で自分の力を発揮できる」「逃げたくなる気持ちに負けない根性がある」など、ひとりひとりの特徴を把握していた。

ときには、10本終えたあとに「もう1本！」とあえて追加する日もあった。終わったと思ったあとのもう1本。選手からしたら、精神的に一番堪えるだろう。このときに、「えー！　何でだよ」と後ろ向きの気持ちになるか、「よっしゃ、ラスト1本、延長戦行こうぜ！」と仲間に声をかけられるか。こういう場面で頑張れる子は、夏の勝負所でも信頼感を持って送り出すことができる。

「全力」を出し切っているかは、走っている本人にしかわからない。だから、己との戦いでもあるのだ。設定タイムを決めるわけではないので、手を抜こうと思えば抜くことができる。それでも、苦しいときに自らの心に喝を入れて、もうひと踏ん張りできるかどうか。そこを見たかった。

「他人の心を騙すことはできても、自分の心を騙すことは絶対にできない」

選手によく言っていた言葉だ。やったかやっていないかがわかるのは、自分だけ。心の底からやり切ったという自信を持てれば、プレッシャーがかかる夏の大会でも、きっと自信を持ってプレーできるはずだ。

指導者からしてみると、「おい、ちゃんと走れよ！」「全力でやれよ！」と怒るのは簡単なことだ。生徒も「ハイ！」といい返事をするだろう。でも、それでは意味がない。指導者に言われなくても、自分で自分の心をコントロールする。そして、指導者は彼らがそのレベルまで成長することを信じて、余計なことは言わずに見守る。こうした心のやり取りが、監督と選手の信頼関係を作っていくのではないだろうか。

本当の「厳しさ」とは何か――？

時代の変化とともに、「厳しさとは何か」が議論されるようになった。それこそ数年前までは、指導者が手を出したり、罵声を浴びせたり、今では「体罰」と呼ばれるような行いが、「厳しさ」ととらえられていた時代もある。

私にもそういうときがあった。昔の教え子に聞くと、私自身が耳にしても「さすがに、それはやりすぎだろう！」と思う過度な指導があったことは否定できない。若さに任せて、突っ走っていた。

じつは、つい最近まで「感情で怒ったことは一度もない」と思っていた。どれだけ怒鳴り散らそうとも、「この子がよくなれば、チームが変わる」といった理由があり、自分の中では怒りをコントロールできていると認識していたのだ。それでも今回、改めて過去の指導を振り返ってみると、「そんなことはない。感情に任せて怒っていたこともあったよな」と思う自分がいた。コロナ禍によって、自分自身の指導を今一度見つめ直す時間ができたからかもしれない。

なぜ、そういった指導をしたかといえば、厳しさを伝えることで、勝負根性や「ナニクソ！」と思える反骨心を鍛えたかったからだ。大人が厳しく追い込めば追い込むほど、子どもたちの心に火が点くと思っていたのだ。

でも、年齢を重ね、多くの子どもたちと接する中で、少しずつ考えが変わってきた。何度も書いているが、野球をやるのは指導者ではなく、子どもたち自身だ。ならば、本当の厳しさとは、選手自身が自分で目標を設定し、その目標に向かって妥協なく取り組むことではないか。「成功している人間は、タイムマネジメントがうまい」とも言われるが、自立した人間ほど1日24時間を意味のあるものにしているはずだ。楽なほうに流されそうになっても、目標実現のためにあえて厳しい道、困難な道を選ぶ決断力を持っているのだと思う。

専大松戸に来るような生徒は、真面目でしっかりした子が多く、それなりに勉強もできる。こちらが高圧的に叱らなくても、言葉で言えばわかる子たちだ。だからこそ、「自分でやる」ことに厳しさを求めていった。

野球の試合においても、監督が指示できることなんてたかがしれている。いざグラウンドに入れば、一瞬一瞬の判断力のもとに、最善のプレーを選択していくのは選手たちだ。そこで指示を待っていたら、間違いなく判断は遅れる。自信を持って決断していくためにも、日頃から自ら決めて自ら動く力を磨く必要がある。

ホームランを打った主軸打者を怒った理由

2015年のチームは、人間的に優れた選手が多くいた。キャプテン岡本良樹、キャッチャーの河村佳祐、エースの原嵩、左腕の角谷幸輝ら、私としっかりコミュニケーションの取れる選手がいて、夏を迎えるのがワクワクするようなチームだった。

攻撃面は2014年からの継続で、打ち勝てる打力を磨く。さらに、バントは極力しない。そのためには、追い込まれてからの進塁打など、バントに代わるものを鍛えていく必要があった。簡単にバントをするのではなく、打つことによってチャンスを広げていく。そのほうが、考える選択肢が広がり、プレーしているほうも野球の面白さを感じるはずだ。

よく覚えているのが、春の練習試合だ。ランナーを進めることをテーマにしていた試合で、ベンチの中でも「進めるためには何がベストか、考えてやりなさい」と話していた。詳しい場面は忘れてしまったが、進塁打が求められる状況で、主軸の渡邉大樹がレフトに引っ張ってホームランを打った。のちにヤクルトに入団する選手であり、チームの中でトップクラスのパワーを持っていた。

しかし、結果的にホームランになっただけで、フェンス際で捕られていたら、単なるひとつのアウトでランナーは進めない。戻ってきた渡邉に、「今のバッティングで本当によかったのか？」と問うた。結果論でオッケーにするのではなく、やろうとしている取り組みと起きた結果がイコールになってこそ意味がある。

そもそも、これを言うと意外に思われるのだが、私はバントが嫌いな監督だ。竜ヶ崎一のときから、できることならノーアウト一塁や一、二塁からでもガンガン打たせたいと思っていた。ただ、〝確率〟を考えたときに、当時のチーム作りからすると打たせるよりもバントのほうが、チャンスを拡大できる可能性が高かったのだ。

もうひとつ、バントを選んだのはゲッツーを防ぐためだ。攻撃で一番嫌いなのがゲッツーで、一気にチャンスがしぼんでしまう。このときの専大松戸でも、「このバッターは、内野ゴロでゲッツーの可能性が高い」と思えば、バントを選ぶこともあった。何でもかんでも、好きなように打たせたわけではない。面白いもので「監督さん、ここはバントで送ったほうがいいですよね」と自ら言ってくる選手も出てくるようになった。打ちにいくよりもバントで送って、次につなげたほうがいい。ゲームの展開や流れを読めるようになった証といえるだろう。

こうして、肉体面、精神面だけでなく、頭脳の面でも成長を遂げて、春の千葉大会を連覇。優勝しても、選手の気持ちが緩むことはまったくなく、「すべては夏に向けて」を合言葉にした。

バントを効果的に使い1イニング7得点

夏の千葉大会では、2回戦からひとつずつ勝ち星を重ねていき、準決勝で木更津総合に3対1で競り勝ち、2年連続の決勝へ。相手は小林監督の習志野だった。試合は7回表まで0対3の劣勢だったが、不思議と負ける気はしなかった。ベンチが常に明るく、前向きに戦っていて、重苦しいムードはなかったからだ。

決勝戦まで来て、細かい指示はない。ここに至るまでに、やるべきことはやってきた。監督としてやれることは、選手を信じてグラウンドに送り出すことだ。7回裏の攻撃が始まる前には「ラッキーセブンだから、ガンガン打っていくぞ！」と声をかけた。

その檄が効いたかどうかはわからないが、打者11人を送る猛攻で7点を奪い、試合を一気にひっくり返した。先頭の五番打者・河村がヒットで出塁したあと、猪爪大地がフォアボールでつなぎ、無死一、二塁。続く角谷は、打つことよりもバントのほうが進塁させる可能性が高かったので、送りバントのサインを出した。これをきっちりと決めたあと、八番の寺元啓介が2点タイムリーで1点差。さらに、1アウト一塁から九番・伊藤彰伸が送りバントを決めて、2アウトにしてでも信頼のある一番・渡邉に回した。渡邉は見事に期待に応えて、同点のタイムリー三塁打。その後、2つの四死球で満塁になったあと、四番の原がランニング満塁ホームランを打ち、4点を勝ち越した。

打席に入る前、原が「右方向の意識でいいですか？」と聞いてきたので、「四番の責任を果たしてこい」と送り出した。やはり、ここまできたら、監督にできることは選手を信じることしかない。原は長打を打ちたい欲を捨てて、センターにしっかりとはじき返した。これが、ワンバウンドでセンターの頭上を越える当たりとなり、結果的にランニングホームランになった。

「バントは極力やらない」と始まったチームだったが、7点を取ったビッグイニングで2つのバントが絡んでいるのが面白いところだ。結局、打つにしてもバントをするにしても、最大の目的はランナーを進めることにある。打ってチャンスを拡大できるのが一番いいが、バッターの打力とゲーム展開を見ながら、臨機応変にプレーを選択していく。打力を求めたからこそ、バントの重要性、ランナーを進める大事さに、チーム全員が気づけたのではないだろうか。

甲子園をつかんだ左右の二枚看板

決勝で習志野を下したとき、マウンドに立っていたのは背番号10をつけた3年生の角谷だった。この代は、右腕の原と左腕の角谷という2人のピッチャーが力を持ち、秋は原、春は角谷に背番号1を渡した。原は185センチ78キロの恵まれた体格から、14

0キロ超のストレートを武器にする本格派で、プロのスカウトからも注目を集めていた。一方の角谷は170センチ60キロの小柄な体で、ストレートも決して速いわけではない。ボールのキレとコントロールで勝負する実戦型のピッチャーで、原とはまったく違うタイプだった。

春に、角谷にエース番号を渡したのは、春の大会で一本立ちしてほしかったからだ。信頼を置けるピッチャーが最低でも二枚いなければ、夏の千葉は勝ち上がれない。それは前年夏に、痛いほど感じたことでもあった。角谷は2年生からベンチに入っていたが、夏、秋と結果を出せずにいた。でも、練習に取り組む姿勢が真面目で、生活態度もしっかりしている。中学時代、オール5に近い学力だったこともあって理解度も高く、私ともしっかり対話ができた。あとは、実戦で自信をつかんでくれたらという期待を込め、春の県大会では意識的に角谷を起用した。

その結果、春の2回戦で松戸国際に1失点の完投勝利を果たすと、準々決勝の拓大紅陵戦は延長11回をひとりで投げ抜き、ここでも1失点完投（9回まで無失点、10回からは無死一、二塁スタートのタイブレーク）。こちらも2対1と際どいスコアだったが、緊迫した場面でも冷静なピッチングで乗り切ってくれた。さらに、準決勝の千葉敬愛戦も8回1失点（8回コールド勝ち）で投げ抜き、指導陣の期待通りに自信をつかみ、原との二本柱を確立することができた。

原も角谷も背番号1をつけたとなると、夏にはエース争いが繰り広げられるのが、よくある二枚看板の流れになるのだが、この2人は違った。私の中では、ピッチャーとして高いプライドを持ち、いずれはプロに進むであろうと思っていた原の気持ちを尊重して、原に「1」を託そうと考えていた。夏のメンバー入りを決める前、外野でランニングをしていた角谷に近づいて、話しかけた。

――角谷、背番号1番と10番どっちがいい？

「どっちでもいいです」

――1番にこだわらないか？

「こだわっていないです」

――わかった。おれも、お前の番号にはこだわってないから。本当に大事なところで、お前を使うから用意しておけ。

賢い子なので、原が「1」をつける意味もわかっていただろうし、原とはまた違う役割があることも、理解していたと思う。

夏の大会は理想的な起用で、それぞれの負担を少なくしながら、決勝に勝ち進むことができた。左の結果が、2人が登板した3回戦以降のピッチャー起用である。

・3回戦　7月18日　○8対4　市川
斉藤（2回2／3）―角谷（3回1／3）―原（3回）
・4回戦　7月20日　○4対3　船橋芝山
角谷（9回）
・5回戦　7月21日　○8対0　我孫子東　*7回コールド
原（7回）
・準々決勝　7月23日　○7対0　拓大紅陵　*7回コールド
角谷（7回）
・準決勝　7月24日　○3対1　木更津総合
原（9回）
・決勝　7月26日　○7対3　習志野
原（3回2／3）―角谷（5回1／3）

見てわかるとおり、4回戦以降は1週間で5試合を戦い抜かなければいけない。これが千葉の過酷なところであり、エース一枚ではどう考えても厳しい。4回戦からはローテーションを組むようにして、それぞれが1試合ずつ完投し、もうひとりを休ませることができた。打線の活躍で5回戦、準々決勝ともに、7イニングで終われたことも、大きな価値があった。

習志野との決勝戦。4回途中、原がつかまりかけたところで、中2日空いていた角谷を迷いなく投入した。大会前から「大事なところでいくからな」と伝えていた場面だ。角谷は、決勝の舞台にも熱くなりすぎず、淡々と自分の役割を果たし、習志野打線の勢いを食い止めてくれた。

優勝のたびに「信じる力」の大切さを実感

これで、4校目の甲子園出場となった。

改めて感じたのは、「子どもらを信じることがどれだけ大切か」ということだ。樫原さんに出会って以来、その大事さは常に頭にあるのだが、心の底から信じることの難しさも同時に感じていた。負けたときは「あの場面で、あの子を信じ切れなかったな」と反省することが多い。「お前に任せた。結果を気にせずやってこい！」と送り出せるようになるには、そこに至るまでの取り組みが絶対に必要になる。やみくもに「お前を信じた」では中身のない信頼関係になってしまい、結果にはつながっていかない。

周りからは「どの優勝が一番嬉しかったですか？」なんて聞かれることもあるが、それぞれに思い出があり、子どもらの喜ぶ顔が浮かぶ。それでも、その学校で初めて優勝した大会というのは、やっぱり印象に残るものだ。特に２０１５年は、松戸市の学校として初の甲子園出場ということもあり、学校関係者だけでなく、地域のみなさんにも喜んでいただけた。

私が何度も話してきた、〝みんなの甲子園〟である。みんなで喜べるからこそ、勝ったときの嬉しさが何倍にも増す。子どもや保護者、ＯＢらが喜んでいる姿を見ていると、「監督をやっていてよかったな」としみじみ思う。

その後、専大松戸として初めて臨んだ甲子園は、花巻東（岩手）に3対5で敗れた。

不思議なもので、県立を率いていたときにはすべて初戦を突破できていたのだが、私立を率いてからは4大会連続の初戦負けとなった。毎回悔しい負けを経験するので、「お前はまだまだ甘い」と甲子園に教えてもらっているような気がする。

花巻東の試合は、監督も含めて、甲子園での経験値の差が出てしまった。初回、エースの原が球審から二段モーションの注意を受けて、明らかにリズムを崩した。大会前から「甲子園でひょっとしたら注意されることもあるからな。想定内にしておきなさい」と言っていたのだが、本人はそこまで本気でとらえていなかったようだ。それでも、伝えきれなかったということは、私の力不足にほかならない。

余談であるが……、日頃の練習や大会のノックはコーチに任せている。70歳にもなるような人間がノックを打つよりも、若いコーチが打ったほうが気合の入ったノックになる。でも、2015年に甲子園に出たときは「おれも、子どものために1球打つか」とベンチからさっそうと出て、きれいなノックを1球打ってベンチに戻る予定だった。イメージトレーニングは完璧だったのだが、ほぼ空振りのファウルチップで、まさかのキャッチャーゴロ。やっぱり、慣れないことをやってはいけない。コーチに「お前、任せた」と言って、すぐにベンチに帰ってきた恥ずかしい思い出がある。

負けたときほど自分を律することが必要

夏の千葉大会を制してから、あっという間に4年が過ぎた。卒業と入学で生徒が入れ替わる高校野球の場合、同じようなチーム作りをしようとしても、過去の成功例がそのまま当てはまるわけではないのが難しいところだ。

春は2016年に3回戦で負けて以降は、優勝、ベスト4、準優勝と、3年連続で夏のAシードを確保している。しかし、勝負の夏にベスト8、2回戦（初戦敗退）、4回戦と、苦しい戦いが続く。「春のセンマツ」と言われても致し方ない結果だ。特にここ2年は、トップシードでありながらも序盤で敗退。こんなことは、指導者になってから初めてのことである。

2018年は千葉商大付に打ち負けた。この代は投手陣に不安があり、その不安がそのまま出てしまったのだ。千葉商大付は、ファーストストライクからガンガン振ってくるのが特徴なのに、ストライクを揃えすぎて、勢いを止められなかった。正直に言えば、試合前の時点で「そこまで打たれることはないだろう」という油断があったのも事実だ。打ち込まれたあとに「ボール球を使っていけ」と言っても、なかなか冷静な気持ちにはなれないものだ。試合の入り方、対策の立て方も含めて、監督としてもっとやりようがあったと悔やまれる。

２０１９年は、のちに千葉ロッテに入団する横山陸人がいたが、４回戦で八千代松陰に１対５で敗れた。終始押される展開で、主導権を一度も奪い返せぬまま、ゲームセットを迎えた。

テレビ中継があったこともあり、試合のあとに多くの知り合いから連絡が来た。そのほとんどが、ストライクゾーンに関する話だった。アウトコースのストライクゾーンが広い。それは、ベンチから見ていてもわかることだった。八千代松陰のバッテリーは、球審の特徴をいち早く把握し、外のストライクゾーンにボールを冷静に集めていた。

ストライクゾーンに関して、選手にいつも話していることがある。

「２ストライクまで、主導権はあなたたちにある。でも、２ストライクのあとの主導権は球審にある。そこは、自分では操作できない。操作できないことに苛立っても仕方ない。自分たちに主導権があるうちに、勝負できるバッターになりなさい」

球審がストライクと言えば、ストライク。それで終わりの話である。

ここ2年、負けたあとのミーティングでは同じような話をしている。

「持っている力を出し切れなかったのは、なぜか。『勝ちたい』『負けたらいけない』という気持ちが強くなりすぎて、ゆとりをなくしてしまったんじゃないか？『高校野球＝人生勉強』だと思えば、もっと余裕を持って、ゆとりのある戦いができたと思う。でも、間違ってはいけないのは、負けたのは野球で負けただけで、決して人生で負けたわけではないからな。それだけは忘れないように。大事なのはここからだ。負けると自暴自棄になる者がいるけど、そうなると周りから『あんなやつらだから負けたんだよ』と言われるだけだよ。だから、勝ったとき以上に自分を律して、生活していかなければいけない。高校生活が終わったわけではないからな」

目の前のことに一生懸命になればなるほど、どうしても余計な力みが生まれ、視野が狭くなるものだ。特にAシード校が序盤でリードを奪われると、「負けたらいけない」と負の感情が生まれ、焦りにもつながっていく。ここを平常心で乗り越えてこそ、本当の意味で強いチームと呼べるのだが、そこにまで至らなかった。「勝ちたい」という気持ちは誰もが当然持っているものだからこそ、その気持ちをコントロールする術が大切になる。

部長は人間教育、コーチ陣は技術を教える

2020年現在、専大松戸には私を含めて4人の指導スタッフがいる。私が就任する前から部長を務めていた森岡健太郎、常総学院OBの小林一也と清原博城が、チームの強化にあたっている。小林は2001年春に木内さんのもとで全国制覇を経験、清原は私が3年間教えた子である。

役割分担は明確にしていて、部長の森岡が生活全般を含めた人間的な教育や、中学生のリクルートを担当し、小林と清原には技術指導を任せている。日頃の練習で、ノックを担当するのは小林と清原だ。ノックの技術は高い。それゆえに、ノックを打っている自分に酔うことだけはないように、「自分のノックを見せる場にはするなよ」と声をかけている。

役割を分けているのは、コーチまでもが人間教育に重きを置き始めると、選手が誰の話を聞いたらいいのか迷ってしまうからだ。さまざまな大人が教育的な話をすると、

「おれは○○コーチ派」というように、知らず知らずのうちに派閥ができてしまうこともある。人として大事にしてほしいことは、森岡と私が教育していくので、コーチ陣は野球指導に専念する。もちろん、人間教育をまったく無視するわけではなく、何を主に指導するかという話だ。

小林と清原ではタイプが少し違う。小林のほうがソフトで、清原はガンガンいく。初めて練習を見る人は、清原の激しさにびっくりするかもしれないが、私はそれが清原の良さだと思っている。

選手からすると、「小林さんのほうが優しい」と思っているかもしれない。高校生が好むのは優しいコーチだろう。怒られるよりは、褒めてもらったほうが嬉しいし、親身になって話を聞いてくれたほうが、気持ちも楽になるはずだ。

コーチになった当初、小林は怒ったあと選手にフォローを入れていた。優しい小林らしいところだと思う。でも、私の考えは「下手なフォローを入れると、子どもたちは育たない」。これは、小林に限らず、清原にも言っていることだ。落ち込んでいるのがわかっても、しばらくはそのまま見守っておけばいい。そこでタイミングを見て、声をかけるのは部長の役割になるのだ。その森岡にも「余計なことはやるなよ」と釘を刺すことが多い。

私は、子どもたちの気持ちが落ちているときこそ、自分自身のことを今一度見つめ直す時間になると考えている。そこで、逃げたくなる気持ちにけりをつけ、自ら立ち直って前向きに取り組んでいくことが、社会に出たときにも役立つ力になる。大人が声をかけることは簡単だが、できるかぎり我慢して見守る。そこはスタッフ全員で、共有している考え方である。

2019年から始めた新たな改革

2018年、2019年と、夏の大会で悔いの残る敗戦が続いた。2013年にウエイトトレーニングを導入したときのように（これは今も継続している）、何かを変えていかなければいけない。良いものは残し、変えていく必要があることは積極的に変えていく。指揮官が〝現状〟に満足するようなことがあったら、チームはいつまで経っても強くなっていかない。

2019年の新チームから着手したのが、指導者側の意識を変えることだった。選手に対して「意識を変えなさい」と話す指導者は多いが、子どもらを変えようとするよりも、大人側の意識に目を向けたほうが変わりやすい。具体的に始めたのが、コーチ陣に対して厳しく叱ることだ。今までは注意をしたり、指摘をしたりすることはあったが、グラウンドで叱るようなことはなかった。

それが、新チームからは、選手がいる前でも叱るようにしたのだ。「お前、何やってんだよ！」と言うこともある。たとえば、選手が戦術面に対する理解が甘いとなれば、それは教えきれていないコーチの責任となる。叱ることによってコーチにもより一層の責任が生まれ、選手からすると「おれらのためにコーチが叱られている」と危機感を覚える。そういうことが理解できる子たちなので、練習のときにピリッとした緊張感が生まれるようになった。小林と清原には、怒りっぱなしではなく「お前らのおかげで強くなっている。いい雰囲気で練習ができているよ」と、タイミングを見ながら声をかけるようにもしていた。

結果、それほど力がないと思っていたチームが、秋の千葉大会でベスト4に食い込んだ。準々決勝では、相性の悪かった東海大市原望洋に7対0で快勝した。準決勝の拓大紅陵戦は相手ピッチャーを攻略できず、攻撃面での課題が残ったが、夏から取り組んできた成果をひとまずは発揮することができた。

ただ、秋に関しては、監督就任以降、一度も関東大会に出場できていない。2019年を含めて準決勝敗退が5度もあり、あとひとつで関東大会というところで苦杯をなめている。そこから、ひと冬こえて伸びていくのが専大松戸の強みではあるのだが、秋もセンバツを狙えるチームを作りたい想いは当然ある。

春の大会の位置づけは、茨城にいた頃とは変わってきて、たとえ甲子園に直接つながらない大会であっても、「何かひとつでもタイトルを獲らせてあげたい」と思うようになった。竜ヶ崎一のときのように、「ここで負けていいぞ」と言うようなことは絶対にない。大会を勝ち続けるのは難しいことであり、そこに挑んでいくことで、チーム力が上がっていく。春の大会であっても、優勝を手にできれば子どもたちには大きな自信になるはずだ。

だからこそ、今年も春の大会を経験したかったのだが、これぱっかりは仕方ない。冬の間、選手たちには「夏にどうやったら勝てるのか、あなたたち自身で考えてほしい」という話をした。指導者がアイデアを出すことも大事だが、それだけではチームは強くなっていかない。選手のほうからも「こうやりたい」「こんなふうに変えていきたい」という意思表示を出してほしいのだ。現実的には、なかなか言ってくる選手がいないのだが、監督の前でも自己主張できる選手が出てきたときには、2度目の甲子園が見えてくるのではないかと思っている。

3年生引退試合に対する想い

全国的に、夏のメンバーに入れなかった3年生の引退試合が盛んに行われている。いつから始まったのかはわからないが、ここ数年、その数が急激に増えているのではないだろうか。専大松戸では、部長の森岡が取り仕切り、親しい学校と試合を組んでいる。

しかし、私が見に行くことはない。どうしても、引退試合そのものが、メンバー外の選手に同情を寄せているように感じてしまうのだ。ここまで何度も書いてきたが、私の性格上、必要以上に同情するのが好きではない。だから、引退試合が美化されることにも少し抵抗があるのだ。

私の中にも「3年間頑張ってきたのに、メンバーに入れることができずに申し訳なかった」という気持ちはもちろんある。その一方で、全員が頑張って努力を重ねていることを考えたら、「メンバー20名」という決まりがある以上、チームの勝利のためにメンバーを選ばなければいけない現実も存在する。監督として一番辛いことではあるが、同情を持ってしまったら、ベストな選択ができなくなってしまう。勝つためには、周りからどう見られようとも、冷酷な部分を持っておかないと組織は成り立たない。

専大松戸は、1学年15名前後の部員のため、練習試合にまったく出られないということはまずない。練習も、基本的にはメンバーとメンバー外を区別することなく、夏の大会に入っていく。つまりは、同じ土俵で戦い続け、試合で結果を出した者がメンバーの候補に挙がる。これがもし特定の選手だけをずっと優遇していて、そのほかの選手にまったくチャンスが与えられないのであれば、組織のマネジメントとして問題が出てくるが、決してそういうわけではない。

仲間と正々堂々勝負をしたうえで、「メンバーに入れなかった」という事実は、力関係も含めて、選手本人が十分に理解していることだと思う。やり切った気持ちがあるのなら、スタンドでメンバーに声援を送れるはずだ。ならば、それでいいのではないか。

全員が公式戦に出場できることはないわけで、必ずチームメイトとの競争がある。それは受験でも同じで、社会に出ても競争は続く。

競争に敗れたことをしっかりと受け止めて、悔しさがあるのなら、その悔しさを次のステージにぶつけていけばいい。大人になったときに、メンバーに入れなかったからこそ得た学びを、我が子に伝えられることもきっとあるはずだ。

自宅から通うことによる成長

専大松戸には寮がない。全員が自宅からの通いで、中学生を誘うときも通える範囲に住んでいることが第一条件になる。周りから「寮を作らないんですか?」「県外から獲らないんですか?」(通学圏で埼玉、茨城、東京の選手はいるが)とよく聞かれるのだが、まったく興味がない。

常総学院には寮があったが、部長やコーチに完全に任せていて、私はほとんど関わっていなかった。この歳にして、慣れないことをやったら失敗するのは目に見えている。

私が辞めたあとに、寮を作りたければ作ればいい。

家に帰る時間を考えると、遅くまで練習はできない。放課後の練習は16時から19時過ぎまで。長くやったとしても3時間半程度だ。口酸っぱく言っているのが、時間を無駄にしないこと。のんびりしていたら、放課後の練習はあっという間に終わってしまう。

一方で、短い時間でギュッと集中してやるほうが、真面目で賢い子が多い専大松戸には合っているようにも思う。私も、長くだらだらやるのは嫌いなので、今のやり方のほうがいい。寮があったら「遅くまで練習ができる」と思って、練習の効率が悪くなることもあるわけで、すべてがプラスに変わっていくわけではない。

そもそも、私の根底にあるのが、「他人様の子どもをお預かりしていて、寮で何かあったときに、指導者側で責任が取れるのか」という考え方だ。こういう心配をするくらいなら、今ある環境の中で目一杯練習したほうが、野球に集中できると思うのだ。

「ワンチーム」の本当の意味

2019年9月20日から11月2日にかけて、史上初めて日本で開催されたラグビーのワールドカップ。細かいルールはまったくわからないが、私も日本代表を応援するひとりとして、テレビの前で楽しませてもらった。正直、ラグビーがあれほどまでに面白いスポーツだとは思っていなかった。

日本代表の活躍によって、さまざまな言葉が世に広まるようになったが、そのひとつに「ワンチーム（ONE TEAM）」がある。文字通り、ひとつのチーム。日本生まれの選手だけでなく、海外で生まれた選手も、同じ日本代表として戦っていた姿が印象深い。何度も行った合宿生活で寝食をともにして、心の面でもわかり合える仲間になっていたように感じた。

年末の流行語大賞では、この「ワンチーム」が大賞に選ばれた。それだけ多くの人に浸透した言葉であり、ラグビー選手以外からも聞かれるようになった。

でも、私の心の中には「ちょっと待てよ。これは、そんなに簡単に言える言葉じゃないだろう」という想いがあった。長い年月をかけて、努力に努力を重ねて、仲間とも何度もぶつかり、本音を交わし合ったすえに、ようやくチームはひとつになる。選手ひとりひとりの成長の上にチームが成り立っているわけで、ひとりでも手を抜くような選手がいたら、ワンチームは存在しなくなる。だからこそ、その言葉の重みを知れば知るほど、口にはできなくなると思うのだ。

　以前、知り合いから1998年に横浜ベイスターズが日本一になったときのエピソードを聞いた。前年の1997年、優勝争いを繰り広げながらも、大事な首位攻防戦でヤクルトに敗れて2位に終わった。その翌年の春季キャンプでは、経験豊富なレギュラー陣が集合時間の1時間前からグラウンドに集まり、積極的に体を動かしていたという。それを見た若手は「あの先輩がやっているのだから」と、先輩を手本にして動くようになっていく。こうした行動によって、チームの雰囲気が変わり、同じベクトルに向かって進んでいくことが、ワンチームの始まりだと思うのだ。

　この話は、今の選手たちにも伝えた。口でどれだけ偉そうなことを言っても、実際に行動が伴っていなければ何の意味もない。ひとりひとりが、ワンチームの本当の意味を理解できるようになれば、少々のことでは崩れない強い組織になっていくはずだ。

第4章

選手育成論
〝育てる〟のではなく〝育つ〟

選手を育てる極意など存在しない

昨年9月18日に行われたソフトバンク対楽天戦で、藤代出身の美馬学と専大松戸出身の高橋礼が先発のマウンドに上がった。最高峰の舞台で、2人の教え子が先発で投げ合う。結果は、美馬の好投で楽天が勝利したが、元気に投げている姿を見るだけで胸が熱くなった。どっちも応援していたので、テレビを見ながら疲れてしまったけれど、幸せな疲れでもあった。

大学を卒業して、竜ヶ崎一のコーチに就いてから72歳になる現在まで、高校野球の指導に関わってきた。数えきれないほどの教え子が社会に出て、その中にはプロ野球の世界に羽ばたいた選手もいる。本を出版するにあたって、改めて調べてみたところ、12人の卒業生がプロに進んでいた。

〈藤代〉

・野口祥順（高卒／1999年ヤクルトドラフト1位／内野手）
・鈴木健之（高卒／2000年横浜ドラフト5位／投手）
・井坂亮平（中央大～住友金属鹿島／2008年楽天ドラフト3位／投手）
・美馬　学（中央大～東京ガス／2010年楽天ドラフト2位／投手）

〈常総学院〉

・清原大貴（高卒／2007年阪神ドラフト4位／投手）
・小池翔大（青山学院大／2010年ロッテドラフト4位／捕手）
・飯田大祐（中央大～Honda鈴鹿／2010年オリックスドラフト7位／捕手）

〈専大松戸〉

・上沢直之（高卒／2011年日本ハムドラフト6位／投手）
・高橋　礼（専修大／2017年ソフトバンクドラフト2位／投手）
・渡邉大樹（高卒／2015年ヤクルトドラフト6位／内野手）
・原　嵩（高卒／2015年ロッテドラフト5位／投手）
・横山陸人（高卒／2019年ロッテドラフト4位／投手）

12人中8人がピッチャーということもあり、巷では「持丸はピッチャーを育てるのがうまい」と言われているようだが、自分でそう思ったことは一度もない。育て方があるのなら、私が教えてほしいぐらいだ。よく、「○○を育てました」と自分で口にする指導者がいるが、冗談であってもそんなことは言えない。

私は「これが絶対！」と言えるフォームはないと思っている。投げ方、打ち方は人それぞれに個性があり、指導者が細かい動きを教えることによって、その個性が失われていくことだってあるわけだ。指導者が細かい動きを教えることは、それだけ怖いことである。この考えは、竜ヶ崎一の頃から変わっていない。だから「こうやって投げてみろ」と押し付けるような言い方は絶対にせず、最終的に何を選ぶかは本人に任せている。

若い指導者にありがちなのが、実績のある指導者やOBに教わったことを、そのまま選手に伝えようとすることだ。たいして考えもせずに「あの人が言っていたから正しい」という思考回路に陥ってしまう。ちょっと待てと。本当にその選手に合った教えであればいいが、そうではないこともある。そこまでよく考えたうえで、選手に伝えているのか。専大松戸で一緒にやっている小林と清原にも、よく言っていることだ。

細かいことを教わりすぎて、明らかに動きがおかしくなっている選手には、こんな話もする。

「小さい頃から野球をやってきて、気持ちよくバットを振れていたとき、気持ちよくボールを放れていたときは、どんな感じだったの？　自分が気持ちよく、思い切りできていたときのことを思い出してみろ」

ピッチャーによくあることだが、「開いてはいけない」と思うあまりに、腕が振れなくなってしまう。「開きってどういうことかわかっているの？」と聞くと、首をかしげる。それっぽい情報に惑わされて、本来の動きを失っていることほどもったいないことはないだろう。指導者は何を教えるにしても、選手が持っている感覚を大事にしてあげなければいけない。

ピッチャーで見るのはストレートの球筋

プロに行くとなれば、持って生まれた素材も絶対に必要になる。そこには、きれいごとでは語れない現実があるものだ。「持丸のもとでやりたい」と入学してきた中に、秀でた能力を持つピッチャーがいて、その子たちが高校で努力を重ねた結果、自らの手でプロへの道を切り拓いていった。私はそう思っている。

基本的に、指導者はアドバイスやヒントを与えるに過ぎず、そこから伸びていくかどうかは選手の努力次第になってくる。入学したときから努力できる選手もいれば、何かをきっかけにして、自ら取り組めるようになる選手もいる。

それでも、偉そうなことを言うつもりはまったくないが、ピッチャーに関しては「この子は良くなる」「この子はプロにまで行ける」というのは感覚的にわかる。「論理的にイチから説明してください」と言われると困ってしまうのだが、その感覚が外れることはほとんどない。

たとえば、藤代のときにセンバツに出場した井坂は大学、社会人経由でプロに行ったが、高校で見たときからプロに行けるピッチャーだと思っていた。ストレートの球筋が、ほかのピッチャーとまったく違うのだ。140キロまで出ていなくても、バッターの手元でググッと伸びるキレがあった。ピッチャーを見るときは、この球筋を必ずチェックする。球速表示で145キロ出ていようとも、ホームベース上での伸びがなければ、バッターには打たれてしまう。だから私は、球速表示はさほど気にしていない。

今まで見てきた教え子の中で、惚れ惚れする球筋を持っていたのが、専大松戸から日本ハムに入った上沢だ。高校1年生の春の時点で何の実績もなかったが、「この子は絶対にプロに行く」と確信した。どこまで伸びていくのか、楽しみしかなかった。上沢は、本人が専大松戸を志望していて、私たちスタッフが熱心に誘ったわけではない。というよりも、まったくノーマークの選手だった。上沢自身も、持丸という人間が監督をやっていることなどまったく知らずに入ってきたそうだが……。つくづく、出会いに恵まれた人生だと実感する。

“指のかかり”を重要視する

選手に対して、どのようにして、気づきやきっかけを与えていくか。問いかけをしたり、あえて突き放してみたり、さまざまなアプローチをしているが、私がピッチャーを指導するうえで大事にしているのは「自分に合った方法を選ぶ」ということだ。

特に重視するのが、指にボールがかかる感覚だ。どれだけ腕の振りが良くても、最後に人差し指と中指でボールに回転を加えることができなければ、伸びのあるストレートを投げることはできない。この感覚がわからない子は、ピッチャーとして大成するのは難しい。

しかし、感覚ゆえに指導者が教えるには限界があり、選手自身で見つけていくしかないところでもあるのだ。人によって感覚が違うので、同じアドバイスを送ったとしても、誰もが指のかかりがよくなるわけではない。

ブルペンで投げているピッチャーに、私はよく問いかけをする。

「今のどうだ？　かかったか？」

「かかりました」

「その感覚を忘れるな。それを再現する確率を高めていきなさい」

はじめは20球に1球でもいい。自分の中で「今のだ！」と思えた感覚があるのなら、それを忘れないこと。1球投げられたのであれば、2球、3球と確率を増やしていくことはできるはずだ。この感覚を得るには、ある程度の投げ込みが必要となる。今までの教え子の中で、一番放っていたのは美馬だろう。1日300球でも400球でも平気で投げていた。何をやってもセンスのある子だったが、投げる体力もずば抜けていた。

ただ、今のピッチャーにこれだけの投げ込みを求めるのは酷であり、ケガにもつながりかねない。代わりに取り入れているのが、近い距離でのネットスローだ。7～8割の力でいいので指にかかる感覚を研ぎ澄ましていく。上沢はネットスローが好きで、ひとりでよく取り組んでいた。

指にかかる感覚がつかめてきたら、全力で投げようとしなくても、回転のいい球がいくのがわかってくる。力みに力んで「オリャー！」なんて声を出す必要などないのだ。上沢がいいお手本になるが、「どこで力が入っているの？」と思ってしまうぐらい静かなフォームで、スピンの効いたストレートを投げ込んでくる。あれこそ、一流ピッチャーの証だろう。

今年の新入生に、将来的に楽しみな大型ピッチャーがいるのだが、彼には上沢の話をしながらアドバイスを送った。

「同じ力でボールを放ることを覚えなさい。いつ力が入っているのかわからないぐらいの力感で、ベストボールを投げられるようにならないと、プロには行けないからな。全力で放るだけが、ピッチャーじゃないからな」

3年生になったとき、彼がどのような成長を遂げているか、楽しみにしている。

坂道ダッシュでヒザを鍛える

「ピッチャーは走ってなんぼ。走って下半身を鍛える」という考えもあれば、「走ったところで下半身は鍛えられない」という意見もある。私の考えは前者だ。これは若い頃も今も変わっていない。ピッチャーは徹底的に走らせてきた。

きっかけは、竜ヶ崎一の監督時代に行った関西遠征だった。たしか、監督になって3～4年目の頃だったと記憶している。ある大阪の高校と試合をしたときに「坂道ダッシュがいい。上りも大事だが、下りはもっと大事だ」と教わり、もともと竜ヶ崎一のグラウンド裏にあった100メートルほどの坂道を利用して、ダッシュを始めたのだ。

下りを走る利点は、踏ん張ろうとすることでヒザの力が強くなることだ。これは持論であるが、足腰が弱い子はヒザも弱い。ヒザが弱いので、軸足でしっかりと立つことができず、前足を踏み込んだときにも下半身がぶれてしまう。踏み込んだ前足がしっかりと止まれば、そこに支点が生まれて腕を強く振ることができる。科学的にどういう効果があるのかは立証していないが、坂道ダッシュによってヒザが強くなり、フォームが安定するピッチャーを数多く見てきた。

すでに述べたとおり、私は根本的にトレーニングが嫌いな人間である。1年中ボールを投げて、バットを振っているほうがうまくなると思っている。そんな私であっても、坂道ダッシュだけはずっと続けている。藤代でも、専大松戸でも、わざわざダッシュ用の坂道を作ってトレーニング場とした。

常総学院のときは砂場を作り、その上を走らせようと思ったのだが、風で砂が飛ばされてしまい、砂場を維持するのが難しかった。木更津総合の五島監督も、かなり走らせていると聞くが、毎年のようにいいピッチャーが育っている。早川隆久（早稲田大）に代表されるように、粘り強いピッチャーが多い。これは、走りの量とまったく無関係ではないだろう。自分の体を使ってしんどい思いをしながら走ることは、心を鍛える意味でも大事になると思う。

プロに入るような子は、在学中に走ることが好きになっていく。上沢は1年生のときは全然走れなかったが、そばで付きっきりで見ていたこともあり、3年生になったときにはしっかりと走れるようになっていた。私の経験上、走れないピッチャーにいいピッチャーはいない。

説明できないプレーをできるのも野手の能力

ピッチャーが球筋や指のかかりがポイントになるとしたら、野手は足と肩があることが絶対条件だ。これは中学生を見るポイントにもなるが、よく言われるように足と肩は天性のものであり、高校でどれだけ鍛えようとも限界がある。野手で生きていこうとするのなら、足と肩がない選手はどこかでカベにぶち当たることになる。

肩は、対角線（一塁・三塁、本塁・二塁）のボール回しで、相手の胸の高さにライナーで放れるのが理想だ。めったにいるものではないが、これぐらい投げる力がなければ、上のレベルではなかなか難しい。

守備は、私が一番嫌いなのがジャッグルだ。グラブにボールがほぼ入っているのに、ボールが遊んでしまい、しっかりと握れない。まだ捕ってもいないのに投げることを考えている選手は、ジャッグルが起こりやすい。そもそも、グラブの面がボールに正しく向いていないところもあるのだろう。捕ってから、投げる。この当たり前のことを反復練習で繰り返していかなければ、夏の大事な場面でミスが出てしまう。

走塁は、スピードがあることを大前提としたうえで、上で活躍するには判断力が必須になる。ランナー二塁からの内外野の間に落ちるポテンヒットで、ホームに還ってこられるか。実戦練習を何度も繰り返すが、「この打球はGO！」と指導者が教えるには限界があるプレーだ。選手自身の感覚を磨いていくしかない。指導者が教えられることもあれば、選手が自分でつかむしかないこともある。この違いをしっかりと理解しておくことは、指導者として生きていくうえで大きなポイントになると思っている。何でもかんでも、手取り足取り教えることが指導者の役割ではない。

バッティングは、速いストレートにアジャストする能力が求められる。たとえば、相手が150キロを投げてこようとも、1球目空振り、2球目ファウル、3球目ジャストミートという具合に、3球以内には対応できなければいけない。プロでは「こいつはストレートが打てない」とわかれば、徹底的にストレートで攻められる。高校からプロに進んだバッターが「プロの変化球に苦労する」と言われることがあるが、それよりも、まずはストレートを打てなければ勝負にならない。

メジャーリーグの影響か、高校生でもフルスイングするバッターが増えてきている。練習の段階で、自分のスイング力を高めるために強く大きく振ろうとするのはいいが、実戦で大事になるのは、バットの芯でボールをとらえる能力だ。ストレートであろうと変化球であろうと、どれだけ芯でとらえられるか。そのうえで、フルスイングができるのが理想だ。フルスイングばかり追い求めていくと、本末転倒になりかねない。

あと、私なりの見方として、プロに行くような選手は「説明できないプレーを簡単にやってのける」という点がある。あくまでも基本的な動きができたうえでの話として、イレギュラーバウンドに咄嗟の反応で対応したり、ワンバウンドしそうなボール球を曲芸でも見せるように打ち返したり、「今、どうやってやった?」と思うようなことを、平然とした顔でやる。一言で表現すれば「野球センス」となるのだろうが、当たり前ではないプレーを当たり前にやることができる。

藤代時代の野口も、こういうプレーができた。今年、一軍の練習試合でホームランを打つなど、ヤクルトの若手有望株のひとりに挙がっている渡邉も、いいセンスを持っていた。ピッチャーのリリース感覚同様に、指導者が教えたからといって、誰もが身につけることができるものではない。そう考えると、「私が育てた」なんてことは、決して言えるものではないのだ。

限界を知る練習が成長につながる

美馬を筆頭にして、プロに行く選手には体力があった。よく、プロのスカウトが「ハードな練習ができる選手でなければ、プロでは伸びない。すぐにケガをする選手はダメだ」と話しているが、本当にそのとおりだと思う。ちょっと走っただけで足が痛いです、少し投げただけでヒジが痛いですとなると、なかなか練習を積み重ねていくことができない。もちろん、1年生のうちからいきなり無理をさせることはしないが、学年が上がっていくにつれて、ある程度の量をこなせるようにならないと、プロの練習には付いていけないのは明らかなことだろう。

〝昔のやり方〟と思う人もいるかもしれないが、量をやり込むことによって、自分自身の限界に挑戦してほしいという想いがある。限界を知らずに「自分はここまでしかできない」と最初からあきらめている人間と、限界を少しずつ広げていく中で「もっとできる！」と思っている人間では、３年間の積み重ねで大きな差が生まれる。

わかりやすい話をすれば、１００メートルダッシュを10本やるときに、１年生のうちは２本しか全力で走れなかった選手が、２年生で５本、３年生になったときには８本走れるようになっていく。１本目から全力を出し切って、自分の限界に挑戦しようとしたからこそ、限界を広げることができるのだ。最初から10本走ることを考えてペース配分をしていたら、いつまで経っても走る力は付いてこない。

そして、体力がある人間は、精神的にも余裕が生まれるため、やるべきことに冷静に対処することができる。９回裏のマウンドで息が上がっているような状態では、相手のバッターの表情を見たり、弱点を攻めたりすることはどうしたって難しくなるだろう。ここ一番で結果を出したいと思うのなら、日々の練習で限界に挑戦して、自分の体力を上げておかなければいけない。

エースや四番こそ厳しく叱る

私はエースや四番打者など、主力選手ほど厳しく叱ることが多い。あとで詳しくお話しするが、上沢のことを引っ叩いたこともある。

引っ叩くことがいいという意味ではなく、チームの規律を乱したり、全力プレーを怠ったりした場合には、それが誰であっても叱らなければいけないということだ。特に、チームの中心選手であればなおさらその必要がある。子どもたちは、大人のことをよく見ている。「おれは怒られたのに、あいつはエースだから怒られないんだ」と思われたら、チーム一丸となって戦えなくなってしまう。

かつて、教え子が監督を務めるチームを見て、教え子に言ったことがある。

「あの子（主力選手）を本気で怒ってやれ。あの子を怒らないと、周りは『おれたちばっかり怒りやがって、あいつだけ特別扱いするなよ』という目になるぞ」

さすがに、今は手を出して叩くことはないが、それゆえに大人が本気で怒ることが大事になる。高校生は大人のように見えても、まだ甘いところがあり、怒られなければ気づかないことが多い。褒めることが愛情だとすれば、怒ることも立派な愛情であるはずだ。ただ、この年齢になると怒ることにもエネルギーが必要になるので、なかなか大変なことではある。怒るエネルギーがなくなったときには、それこそ現場を退かなければいけないだろう。

プロの世界で活躍する教え子たち

ここからは、プロの世界で頑張る教え子について、高校時代のエピソードを交えながら語っていきたい。全員を紹介したい気持ちはやまやまなのだが……、何人かの選手にしぼってお話ししたい。

野口祥順――スピード、バネ、人間性に秀でていたアスリート

走る姿だけでスカウトを惚れ込ませる

教え子で最初にプロ入りしたのが野口であり、しかも高卒でドラフト1位の高い評価だっただけに、思い出深い選手のひとりである。

私が藤代の監督になった年に入学し、野球部の土台を作ってくれた選手と言っても過言ではない。野球のことから人生のことまで、本当にいろいろなことを話した。高校生で「大人とこんなに対等に話ができるのか」と感心するぐらい、しっかりとした考えを持っていた子だった。

1年生からショートのレギュラーで出場し、2年生の秋には常総学院を破り、創部初の関東大会出場に導いてくれた。関東大会1回戦の真岡戦では2対5で敗れたが、レフト場外に消える特大アーチを放っている。あの一発で「藤代・野口」が広く注目される

ようになった。

とにかく、ずば抜けていたのがスピードとバネだ。中3のときに、県の陸上大会（走り幅跳び）で優勝した実績もあり、運動能力に秀でていた。高校1年生のとき、たまたま見に来ていたスカウトが、野口の走る姿だけを見て「この間まで本当に中学生だったの？　大学生じゃないよね」と驚いたぐらいだ。その当時で183センチぐらいあり、野球選手というよりは「アスリート」に見えた。

プロに行かなければ、早稲田大に進む選択肢もあり、3年生の夏にはセレクションにも参加している。野口がユニホームを着て走り出すと、その場にいたスカウト全員が野口に見惚れるほど、素晴らしい走りをしていた。きっと陸上の世界に進んでも、日本のトップを争えるアスリートになっていたはずだ。

このとき、もし早稲田大に入学していれば、和田毅（ソフトバンク）のひとつ下で、鳥谷敬（ロッテ）や青木宣親（ヤクルト）らと同じ黄金世代だった。まだ体の線が細かったので、大学で4年間みっちり鍛えてからプロへ進んでいたら、どんな選手になっていたか……と考えることもあるが、これぱっかりは誰にもわからない。

進むだけでなく、我慢することも大事

在学中、野口によく言っていた言葉がある。

「進むだけが勇気じゃない。我慢する勇気や引く勇気も大事なんだ」

わかりやすい例を挙げるのなら、盗塁だ。下級生のうちは、どんどん積極的に走ってもいいが、学年が上がっていけば、状況を読む力も大事になってくる。明らかに相手が警戒している場面で、わざわざ走る必要はない。もし、バッテリーが一塁ランナーの野口を過剰に警戒しているのなら、それを利用して大きなリードで揺さぶるのもひとつの手だ。「走られたくない」と思えば、アウトコースのストレート中心の配球となり、バッターはそこを読んで、狙い打つことだってできる。身体能力は申し分なかっただけに、その能力をどうやって生かすかを、よく話して聞かせた。

もちろん、これは野口に限らず誰にでも当てはまる考え方だ。

たとえば、進路を決めるときに「プロに行きたい」という気持ちがあったとしても、

「お前の能力でどこまでやれるの？　大学4年間、必死になって自分を鍛えてからのほうが、スカウトの評価も上がるんじゃないか？」と話をすることもある。これも、我慢する勇気、引く勇気だと思うのだ。遠回りのように見えて、結果的に何年か経ったあとには、前に進むための選択だったと気づくこともあるだろう。

子どもの頃は「行きたい」「やりたい」の気持ちも大事だが、大人になってくれば、それだけでは何ともならない現実が待っている。進むべきか、我慢すべきなのか、自分の能力を考えながら冷静に見極める判断を、野球を通じて身につけてほしい。

プロ入り後の野口は、1年目（2000年）に選手生命をも脅かす頭部死球を受け、さらに3年目にも頭部死球を受けた。当初はプロで活躍してほしいと願っていたが、ケガやアクシデントがなく元気にプレーできることが、プロ野球選手として何より幸せなことなんだと改めて思ったものだ。頭にデッドボールを受けたと聞いたときは、もう本当に心配した。

3年目の9月に一軍デビューを果たすと、プロ初打席初本塁打という離れ業をやってのけた。しかし、一軍に定着し始めた5年目に右肩を痛め、オフには手術をした。そこから1年間のリハビリを経てファームで結果を残し、2008年に4年ぶりに一軍出場を果たすことができた。その後、レギュラーで活躍することはできなかったが、内野ならどこでも守れるユーティリティープレーヤーとして、2014年まで現役を続けた。現在は、ヤクルトの球団職員としてチームを陰で支えている。きっと、野口の人間性が評価されての採用だったのだと思う。

美馬 学――「このボールならプロに行けますか？」と聞いてきた男

運動センス、根性、負けん気の塊

私の母校である藤代中の出身で、中学3年時には中学軟式野球の全国大会にも出場して、ベスト8にまで勝ち上がっている。他校からも誘いがある中で「持丸監督のもとでやりたい」と地元の藤代を選んでくれた子だ。

一言で表現すれば「野球小僧」。野球が大好きで、うまくなるためにずっと練習をしている子だった。運動センスがあり、根性があり、負けん気もある。先輩キャッチャーのサインに、平気で首を横に振れる肝っ玉もあった。

2年生の春、センバツに出場したときのサイズが165センチ58キロ。今は169センチまで伸びたようだが、体の大きな選手に負けないように努力を重ね続けていた。その気持ちがあるから、プロでも活躍できているのだろう。

ブルペンでは1日に300球も400球も投げていた。それだけ、投げる体力と精神力があったのだ。しかも、ただ投げるだけではない。満足のいくボールを投げられたときには、「監督さん、このボールならプロに行けますか?」と聞いてくるのだ。こんな子は、なかなかいない。自分のボールに納得がいかないときは、ずっと投げ続けていた。高校時代からプロで活躍することを目標に置き、高い意識で取り組んでいた証といえる。

美馬のことは、2年生の夏までしか見ることができなかった。自分のわがままで「55歳で辞める」と決めたことで、美馬たちの代には結果的に辛い思いをさせてしまった。退任報道が出たあとには、美馬の家まで行って「最後まで見られずに申し訳ない。あと1年、何か困ったことがあったら助けるから」と頭を下げた。

卒業後は中央大、東京ガスに進み、2010年のドラフトで楽天から指名を受けた。大学でヒジを痛めた関係もあり、スカウトはヒジの状態を盛んに気にしていた。私のもとにも「美馬の状態はどうなんですか？」と問い合わせの電話がいくつもあったが、そのたびに「大丈夫だ。獲ってくれたら、絶対に戦力になる。何とかならないか」とお願いしていた。

プロではヒジのケガと戦いながら、一軍の戦力として働き続け、2017年には自身初の二桁勝利。そして、昨年オフにFAでロッテに移籍することが決まった。FA宣言をしたあとは、相談と報告の電話が何度かあった。卒業して何年も経つのに、こうした連絡をくれるのは、指導者冥利に尽きるところである。

オフの自主トレを見る機会もあるが、「これぞ、プロだな」と感じるのが遠投だ。120メートルぐらいの距離を、低い軌道でピューッとそのまま放ることができる。これほどまでに美しい遠投は、そうめったに見られるものではない。ヒジを何度も手術しているが、そのたびに苦しいリハビリを乗り越えて復活している姿を見ると、心から応援したくなる。負けず嫌いの気持ちが、プロの世界でも美馬を支えている。

上沢直之——入学時から「何があってもプロに行かせる！」と指導

最大の特徴は天性のリリース感覚

上沢は、専大松戸の地元である松戸市立第一中の出身で、中学から野球を始めた子だ。中3夏はエースではなかったと聞く。高校入学時は太っていて、足も遅くて「これで野球できるの？」と思ったのだが、ブルペンに入るとその心配は杞憂に終わった。肩甲骨と手首が柔らかく、リリース時の指のかかりもいい。指先が器用で、こちらが教えたことをすぐに吸収できた。

1年生のはじめは、ストレートの最速が120キロも出ていなかったと思うが、それでも上沢には「何があってもプロに行かせるから！」と声をかけていた。ストレートの伸びが違う。ピュッと高めにふけていくボールが、10球に1～2球あり、それを目にするたびに「この子はプロだ」と確信した。球筋が素晴らしく、いわゆるホップしていく軌道だったのだ。球速表示は出ていなくても、ホームベース上でボールが生きていた。

私が育てたなんてことはまったく思わないが、3年間付きっきりで指導していたことはたしかである。上沢とブルペンにいる時間が長く、「この子を良くすることが、チームの成長につながる」と信じていた。3年生になってから、140キロ近いストレートを投げられるようになり、本人もプロの世界を現実的に考えるようになった。

前述したとおり、指のかかりは指導者が教えたからといって身につくものではない。ブルペンでは「どうだ？　かかっているか？」というやり取りを何度も繰り返した。とにかく、いい球を投げられているときの感覚を忘れないでほしいのだ。その再現性を高めていくことが、プロでの活躍に近づいていく。

3年間でもっとも怒った事件

これは、上沢自身がテレビのインタビューでも明かしていたことなので喋ってしまうが、3年生になる頃に、引っ叩いたことがあった。練習試合で味方がエラーしたときに、上沢が「何やってんだよ……！」という表情を顔に出したのだ。たぶん、3年間で一番怒ったといえるぐらい叱り飛ばした。

ミーティングでもよく伝えているのが、「人のせいにするなよ」ということだ。人のせいにしたところで、何かいいことが生まれるとは到底思えない。エースだったら「おれが抑えて、仲間のミスをカバーしてやるよ」と思ってくれなければ、夏のトーナメントは勝ち抜けないのだ。

上沢には「ひとりで野球をやれんのか？　お前が投げて、打たれたら、お前が走って捕ってこいよ！」と叱った。チームメイトがいるからこそ、野球ができるのだ。誰かがミスをしたら、周りの仲間で補ってやればいい。ミスが出ない試合なんてめったにあるものではない。

エースや四番など、チームの柱となる選手を好き勝手にやらせてしまうと、チームが成り立たなくなる。エースの姿勢は、周りが必ず見ている。仲間がミスをしようが「おれが抑えてやるから」と笑顔で声をかけられる存在になってほしかったのだ。

ベストボールはインハイのストレート

上沢は、2011年のドラフト6位で日本ハムから指名を受けた。プロで戦える素材だったので、何位でもいいからプロに送り出したいのが本音だった。そのうえで本人と約束したのは「3年間で結果が出なければ、スパッとあきらめて大学で勉強する道も考えるように。3年でケジメをつけなさい」ということだった。親にも「契約金には本人に一切手を付けさせないでください」とお願いした。

一軍デビューを果たしたのが、プロ入り3年目の2014年だった。先発ローテーションに入り、8勝8敗。上沢自身、プロで生きていける手ごたえをつかんだシーズンだったと思う。

その前年、上沢とこんなやり取りがあった。「ボールが引っかかってしまい、いい球が投げられません」とのことで、実際にボールを見たわけではないのでよくわからないが、その話を聞いて想像できることがあった。

おそらく、右バッターのアウトローに投げる練習ばかりしていて肩、腰、ヒジなどのバランスを崩し、引っかけたボールが多くなってしまったのではないか。上沢は高校時代にも、器用であるがゆえに手首だけでボールを操作して、フォームを崩してしまったことがあったからだ。

「ピッチングの原点はアウトロー。一番安全なのがアウトロー」という知識もあり、どうしてもアウトローを練習する機会が増えてくる。それで、引っかけたボールが多くなっているんじゃないか。

私の経験上、アウトローに投げようと思えば思うほど、ボールが引っかかって叩きつけてしまう。特に、上沢のようなオーバースローで、ボールにタテ回転を加えていくピッチャーは、手首だけで無理にアウトローを狙おうとする傾向がある。下半身が使えている投げ方であればいいが、器用な手先だけでどうにかしようとするため、手で引っかくようなクセがついたのだろうと私は思ったのだ。

上沢には「原点に戻って、右バッターのインハイに思い切って投げてみたらどうだ」と、素人がわかったような口を聞いてアドバイスしたことを覚えている。ストレートというのは、きれいなバックスピンがかかっているように見えるが、ほとんどのピッチャーは多少シュート回転しているものだ。だから、ボールの回転の基本はシュート回転となる。「右バッターのインハイに投げようと思えば、シュート回転のストレートが投げやすくなるんじゃないの？」なんて話もした。もともと、上沢の良さはホップするストレートにあることを思い出してほしかったのだ。

あとはプロの投手コーチに、アウトローにスピンの効いたプロらしいボールをまた投げられるよう、導いてもらえばいい。そして上沢はその後、日本ハムのコーチの指導のおかげで、見事に課題を克服してくれた。

ときに、スライド回転を武器にしているピッチャーもいる。「真っスラ」とも表現され、ストレートを投げても、スライド回転で横にずれていくのだ。これでバッターの芯を外すこともできるのだが、私が思うには、このタイプはなかなか上では活躍していない。やっぱり、上沢のように吹き上がっていくストレートを持っていたほうが、大成できるのではないだろうか。

常に謙虚で気遣いのできる男

昨年11月、上沢夫妻に第一子が誕生した。その日のうちに、上沢から「監督さん、産まれました！」と電話をもらった。奥さんにも「おめでとう。体に気をつけてな」と話をすることができた。

そのあと、わざわざ赤ちゃんを見せにきてくれて、「監督さん、抱っこしてください」と言われて抱かせてもらった。でも、産まれたばかりで首も座っていない赤ん坊である。こっちは怖くて、怖くて、肩に力が入ってガチガチだった。上沢が撮ってくれた写真をあとで女房に見せたら、「赤ちゃんを抱っこするときは、立って抱いちゃあダメ。座って抱くものよ」と怒られてしまったが……。

でも、こういう教え子からの報告が、指導者としては一番嬉しい。在学中はどんなに叱ったり怒ったりしても、卒業すればひとりの人間と人間だ。恩師と教え子という関係性はたしかに残るのだが、本音を言えば、そういうのを抜きにして付き合っていきたい。

上沢は報告やお礼を欠かさない子で、一緒にご飯を食べたあとには「今日はお世話になりました。ありがとうございます。おかげさまで、楽しい一日を過ごすことができました」と必ずメールが来る。球場に応援に行ったあとにも、「ありがとうございました」とお礼の連絡が入る。

「本当にプロ野球選手か？」と思うぐらい、謙虚であり、周りへの気遣いができる好青年だ。それは私のような指導者にだけでなく、同世代の仲間にも同じように接しているので、上沢の周りにはファンが多い。千葉で投げるときには、たくさんの友達が応援に行っている。

昨年、ロッテに入団した横山には、上沢のことを話しながら、「プロで長く生きていけるかどうかは、技術も大事だけど、人間性も大事だからな。人間的に立派なのが、一番いいんだよ」と伝えた。プロは毎年、一定数の人間がクビを切られる。残りひとり、誰を戦力外にするかとなったとき、実力が同じ選手であれば、そこで問われるのは人間性であろう。また、クビになったとしても、人間的に優れていればマネージャー、スコアラー、ブルペンキャッチャー、バッティングピッチャーなどで、球団に残れる可能性も生まれる。

今、ロッテのマネージャー兼ブルペンキャッチャーとして、チームを陰で支えているのが、常総学院時代の教え子である小池翔大だ。小池も人間的にしっかりした子で、常総学院時代はキャプテンを務めていた。

人間性が大事なことは、プロの世界だけでなく、どの世界にもいえることだ。だから、甲子園に出たからいい、出られなかったからダメだったなんてことは絶対にないのだ。そのあとの人生のほうがずっと大事だからこそ、人としての生き方を、高校時代に学んでほしいと願う。

高橋 礼 ── 高3夏ベストボールでサヨナラ負け

自信を持って放った最後の1球

高橋は高校3年夏の準決勝で、木更津総合に押し出しサヨナラで敗れた。延長13回1アウト満塁、フルカウント、外に投じたスライダーがボール2個ほど外れてのフォアボールだった。

しばらく経ったあと「お前、生涯で一番いいボールはどれだ？」と聞くと、「木更津総合戦の押し出しは良かったです」と堂々と答えた。「ばかやろう！　ベース半分も外れているだろう」と笑って返したのだが、その理由を聞いて納得した。「絶対に打たれないボールだと思って、自信を持って投げられました」。押し出しのボールが一番いいなんてなかなか言えるものではないだろう。

この高橋のエピソードは、専大松戸のピッチャー陣にもよく話している。

「びくびくして放るのが、一番悔いが残る。高橋と同じ場面が来たときに、腕を振って、自信を持って放れるか？　置きにいって満塁ホームランを打たれたら、きっと後悔するはずだ。だから、たとえ押し出しであったとしても、最後のボールが『一番いいボールだった』と言えるようなピッチャーになってほしい」

負けたら終わりの3年夏、満塁でフルカウントのサヨナラの場面。野球漫画でありそうなシーンだが、現実にこういうことが起こりうる。そこで腕を振れるかどうかは、それまでやってきた自分の取り組み次第であろう。自分のことを、どれだけ信じられるか。そこで足が震えているようでは、悔いが残る取り組みをしていたことになる。

昨年、日刊スポーツで「高3の夏終わる…翌日何を／プロ選手に聞いてみた」という特集記事が掲載されていた。そこに高橋の話が出ていて、「野球部のみんなで即、車を借りて海に行きました。遊びたかったので」と書いてあった。「もうちょっと負けを受け止めてくれよ……」とも思ったが、3年間やり切ったからこその切り替えの早さだったのだろう。

オーバースロー高橋礼の挑戦

少し話がさかのぼるが、高橋が2年生の春頃、ボールがあまり走らずに悩んでいた時期がある。「上から投げてみるか?」と提案して、アンダースローからオーバースローに腕の位置を変えた。180センチ台中盤の上背があるのだから、本格派になりうる可能性も十分にあり、実際に2年生の春の時点で、オーバースローで135キロ近くを記録。指にボールがかかり、球の回転も良かった。

しかし、しばらく続けたあと高橋のほうから「下のほうがいいです。下にしたいです」と言い出してきて、本人の意思を尊重した。不思議なもので、アンダースローに戻してから球が走るようになり、自信を持って放れるようになった。どういうスタイルで生きていけばいいのか、決心できたのではないだろうか。

アンダースローとの出会いはなかなかあるものではないが、これまでの経験からいえることは、股関節の柔らかさと強さを持っていることが、活躍の絶対条件となる。それによって、腕がワンテンポ遅れて振られ、120キロ台後半のストレートであっても、バッターを差し込むことができる。

あとは、手首を立ててリリースすることができるかどうか。基本的に、オーバースローもサイドスローもアンダースローも、手首を立てて投げる感覚は一緒で、上体の角度によって腕の出どころが変わってくる。アンダースローだからといって、手首を寝かせてしまうと、ボールに強い力を加えることができない。

高橋は専大松戸を卒業したあと、専修大で才能が開花して、2年夏には韓国で開かれたユニバーシアードの日本代表に選ばれるまで成長した。プロ入り後は「本格派のアンダースロー」という特徴を最大限に生かし、1年目から一軍で存在感を示し、2年目の2019年には早くも12勝を挙げている。

嬉しかったのは、2018年秋の日米野球で、上沢と高橋が侍ジャパンのユニホームを着て、マウンドに上がったことだ。振り返ってみると、2人には身体的にも技術的にも〝余力〟があったと感じる。高校3年生の時点で、「この先どこまで成長するのだろう」という期待感を抱くことができた。この〝余力〟の有無も、プロで活躍するための大事な要素だといえる。

原　嵩——母親の死を乗り越えて甲子園出場、プロ入り

高校時の力は上沢よりも上

２０１５年、専大松戸が初めて夏の甲子園に出場したときのエースが原だった。私の地元でもある竜ヶ崎市の出身で、「専大松戸でやりたい」と自らの意志でうちを選んでくれた。土地勘のない人にとっては、竜ヶ崎市と松戸市は遠く感じるかもしれないが、電車で30分もあれば着くので、十分に通える範囲である。

性格は素直でいい子。プロでやっていけるかどうか心配になるぐらい、優しい子だ。2年生の7月、県大会開幕の直前に、お母さんがガンで亡くなった。原が入学する前から、ガンを患っていたという。お母さんの夢は、息子が甲子園で投げることと、プロで投げること。亡くなったあと、原はさすがに落ち込んでいて、2年生の夏は自分の力を発揮できなかった。

周りは原に同情を寄せていたが、私はいつも通りに接していた。お母さんが亡くなって悲しいのは、誰にだってわかることだ。でも、私が代わってやることはできないし、悲しみに暮れていても、前に進めるわけではない。最後は、自分で立ち直るしかない。甲子園に出て、プロに行ってこそ、お母さんは喜んでくれる。両方とも成し遂げたのだから、たいしたものだ。本当は大学進学を考えていたのだが、お母さんの想いもあって、プロ志望に切り替えた経緯がある。

プロでは入団2年目の2017年に右ヒジの手術をするなど、思うように投げられない時期があった。1年間のリハビリを経て、マウンドに戻ってきたのが2019年のこと。ファームで20試合に登板し、2020年への足掛かりを作った。

思い返してみれば、入学時のストレートの力は、上沢よりはるかに上。3年時を比べても、原のほうが上だったと思う。あとは、プロで伸びるだけの〝余力〟があるかだ。

今年で高卒5年目。後輩に大船渡高校出身の佐々木朗希（ロッテ）ら、いいピッチャーが入ってきていることは、原自身が一番わかっているだろう。「今年が勝負」の気持ちを強く持って、頑張ってほしい。

渡邉大樹——良さを伸ばすために細かいことはあえて言わず

3年夏の決勝戦で甲子園を引き寄せる適時打

地元・松戸市の子で、早くから専大松戸を希望していた。中学時代は硬式クラブの松戸シニアでプレーしながら、学校では陸上で活躍し、200メートルの選手として全国大会に出場した実績も持っている。

入学したときから、180センチ近い身長があり、大柄なわりに身のこなしもいい。ただ、バッティングに関しては粗削りで不器用なところがあった。それでも試合になると、時折ものすごい打球を飛ばす。逆方向にも飛ばせる技術とパワーを持っていた。試合で力を発揮できる子だったので、私があまり矯正してはいけないと、細かいことはほとんど言わなかった記憶がある。私が言いすぎることによって、彼の良さが消えてはいけないと思ったのだ。

3年間でもっとも覚えている打席が、3年夏の決勝戦、7回裏2アウト二塁から右中間に放った同点三塁打だ。1アウト一塁から、一番の渡邉に回すためにあえて送りバントを選択し、見事に期待に応えてくれた。逆方向に打つお手本のようなバッティングで、あの一打が甲子園につながったと言っても過言ではないだろう。

進路は学業成績が良かったこともあって、大学に行くものだと思っていた。ところが、夏の大会後に「どうしてもプロに行きたいです」と本人がプロへの想いを伝えに来た。もし、3年や4年でクビになっても、絶対に後悔しないことを確認したうえで、プロ志望届の提出を決めた。

ドラフト会議では、チームメイトの原がロッテから5位指名、渡邉はそのあとに、ヤクルトから6位指名を受けた。プロ入り後、ファームでみっちりと鍛えられ、2年目には一軍で2試合出場すると、4年目の2019年には5月の巨人戦でプロ初安打、初本塁打を記録し、一軍定着の足掛かりを作った。

今年は初めて開幕一軍をつかみとり、開幕前日には「おかげさまで、一軍に入ることができました」と報告の電話をくれた。こうした教え子からの声は、やはり嬉しい。高卒であっても、ピッチャーは一軍での活躍が比較的早いが、野手の場合は時間がかかるものだ。高卒5年での開幕一軍と聞くと、プロで戦える力を着実に付けていることが想像できる。渡邉には「守備でも足でも、どんな役割でもいいから一生懸命頑張りなさい」と伝えている。

横山陸人――「プロでやりたい」という強い意志を持っていた

サイドスローからアンダースローに変えた意味

東京の上一色中で、全中準優勝を果たした実績を持つサイドスローの横山。上一色中のOBで専大松戸に来てくれた子たちは、2年生のときに甲子園に出た永井雅哉や、2018年の代でキャプテンを務めた昆野海翔（専修大）ら、活躍する選手が多い。今の2年生にも3人、1年生にも1人、上一色中出身の選手がいて、送り出してくれる顧問の西尾弘幸先生に感謝である。

横山は入学当初からサイドスローだったが、2年生に上がる頃にアンダースローに変えたことがある。サイドのときはヒジが前に出ず、アーム投げに近い投げ方になっていて、そこが横山の課題だった。これではいくら速い球を投げても、バッターからするとボールが見やすい。アンダースローは、ヒジのしなりを使わなければいいボールがいかないため、フォーム修正の意味を込めて一時的に腕の位置を下げた。

でも、横山本人にはその意図を説明しなかった。なぜなら、「ヒジのしなり」というワードを使ってしまうと、そればかり意識するようになり、アンダースローで投げる意味がなくなってしまうからだ。無意識のうちに直ってくるのが一番いい。横山も「監督さんは何でアンダーにしたんだろう?」と考えるはずだ。試行錯誤する時間も、大切にしてほしかったのだ。指導者が答えを与えてしまうのは簡単だが、それでは人から教わったことになり、本当の意味で自分でつかんだものにはなっていかない。

2か月ほどアンダースローで投げ続け、しなりが出てきたところでサイドスローに戻した。そこで、アンダースローにした狙いも説明した。下から投げた期間のことを、横山はよく覚えているはずだ。これから投げ方に悩んだときに、自らアンダースローにして、修正を図ってみるのもひとつの手だ。高校時代に取り組んだ経験を、プロで生かしてほしい。

高卒には高卒で入る覚悟が必要

進路は、本人がどうしてもプロでやりたい、高いレベルでやりたいという強い意志を持っていた。私は大学進学を勧めていて、今までなら「大学に行ったほうがいい」と説得していたと思う。それでも、横山の想いを尊重したのは、「この子なら、プロで野球人生が終わったとしても、その経験を次のステージに生かしていける」と思ったからだ。

横山には「高卒でプロに行くということは、高卒の覚悟を持って入りなさい」という言葉をかけた。もし、野球が終わったあと、一般企業に入社するとなった場合、高卒と大卒では受け入れる側の条件や待遇が変わってくる。今からプロが終わったあとのことを考えるのは難しいだろうが、「そうなったときの覚悟をしっかり持っておきなさい」と伝えた。

今年6月、緊急事態宣言が解けたあと、ファームの練習試合で、横山が先発、原が二番手という試合があった。この2人が、プロのマウンドで継投する日が来るなんて、想像すらしていなかった。千葉の高校を卒業して、千葉のプロ球団で、千葉のみなさんに応援してもらえる。こんなに幸せなこともないだろう。ひとりでも多くの人たちに喜んでいただけるようなピッチャーを目指して、努力を重ねてほしい。

第5章

充実した日々を送るための「人生訓」

過去は過去、今を生き抜く

私は「こんなに幸せでいいの？」と思うぐらい、充実した人生を送ることができている。「恵まれた」「幸せ」と、この言葉を何度書いているかわからないが、本当に心の底から思うのだ。周りの人への感謝が一番であり、仲間も、教え子も、現スタッフで部長の盛岡も、コーチの小林や清原も、私のような何も取り柄がない人間に、本当によくしてくれていると思う。

偉そうに言えることは何ひとつないが、自分自身でも幸せな日々を過ごすために、心がけてきたことがいくつかある。最後に、72年間生きてきた年長者の「人生訓」に耳を傾けてもらえると嬉しく思う。

生きるうえで一番大切にしているのが、尾関先生からいただいた「今ここで頑張らずにいつ頑張る」だ。今を生きる。今を大事にしていなければ、次もなく、明日も明後日もなく、これからもないと思うのだ。

言葉の解釈はいろいろあると思うが、逆説的に考えると「過去は振り返らない」と読み解くこともできる。今回は、自分の指導論をまとめるので、過去の話をしているが、日常の中で過去に目を向けることはほとんどない。竜ヶ崎一も藤代も、優勝メダルや記念品はすべて学校に寄付した。たぶん、メダルはメンバー外の3年生にあげたようにも思う。盾やトロフィーなどをきれいに並べておくのが好きな人もいると思うが、私はまったく興味がない。もう終わったことであるし、私の家にあるよりは学校に飾ったほうが多くの人に見てもらえるだろう。家に飾っているのは、プロ野球選手のサインボールや、OBと一緒に撮影した写真などだ。

竜ヶ崎一と藤代で甲子園に出たときは、学校やOB会が「記念碑を作りましょう」と提案してきたのだが、「絶対にやめてくれ。おれはまだ生きている。死んでから作ってくれ」と断固反対した。藤代では、野球が大好きな県会議員が、私の意見など聞かずに作ってしまったけれど……。

専大松戸で甲子園に出たあとにも似たような話が父母会から出たが、「やめてください」と断った。代わりに、OB会と相談したうえで、外野の奥にソメイヨシノを1本植えることになった。優勝記念碑とはまったく違うもので、趣があっていい。1本であっても、外野にソメイヨシノが咲けば、練習や試合を見に来てくれた人が喜んでくれるのではないか。残念ながら、いつかの台風で飛ばされてしまい、今は根元しか残っていないのだが……。なお、常総学院は全国制覇したときに、何十本もの桜を植えて桜並木を作った。さすがに、スケールが違う。

時間を巻き戻すことは誰にもできない

人間として一番もったいないのが、過去のよかったときの記憶を引っ張り出してきて、「あのときはよかった」「あの頃に戻りたいな」と思うことではないだろうか。思い出はたしかに大事だが、思い出に浸っていても、過去は過去。時間を巻き戻すことは神様にだってできないのだから、大事なのは今に目を向けることだ。

「過去を捨てる」と言うと、重たい言葉に感じるかもしれないが、専大松戸に移るときには、藤代と常総学院のときに書き留めてきたノートをすべて捨てた。初めて千葉で戦うので、茨城時代の実績はすべてゼロにして臨みたかったのだ。「茨城でやっていたときは、仲間がたくさんいてやりやすかったよな」なんて仮に思っても、そこに戻れることは絶対にない。

甲子園があまりにも大きな大会になったため、甲子園に出たことによって「燃え尽き症候群」になる生徒もいると聞く。大学生や社会人になっても、あのときの歓声や興奮が忘れられずに、そこからなかなか前に進めない。「県大会で優勝して、甲子園に出場した」という強烈な成功体験が、長い人生においては足かせになることもあるのだ。高校野球が人生勉強、社会勉強のひとつというとらえ方ができれば、甲子園に行けたことも行けなかったことも、人生における大きな財産になるのではないか。そこは、監督がどのように持っていくか、指導力が問われるところでもあるだろう。

尾関先生が説く「今」の教えは、野球の試合にもつながる考え方だ。今に集中できない選手は、ミスを引きずりやすい。第一打席の三振が頭に残っていたり、初回のエラーをずっと悔やんでいたり、反省するのも落ち込むのも、試合が終わってからでいい。試合中に下を向いていたって仕方がなく、時間は変わらずに流れている。それならば、目の前のプレーに集中したほうがずっといいではないか。

日々の守備練習でよくあるのが、エラーが連鎖していくことだ。エラーが重なることによって、「次にエラーしたらやばいな」とまだ起きていない未来を勝手に想像して不安に思い、いつもとは違う動きになる。「丁寧にいこう」と思えば思うほど、足が動かなくなり、打球に攻めていくことができない。

高校生の場合、試合でもエラーがひとつ出ると、不思議と続いていく。彼らには「エラーが続いたときに、誰が断ち切る力を持っているのか。おれはそこを見ているから」という話をする。悪い流れをガラッと変えられる選手がいなければ、とてもじゃないが、夏のトーナメントは勝ち抜けない。

悪口は回り回って自分に返ってくる

今まで出会った人の中には「持丸のことなんて嫌いだよ」と言う人もいるだろうが、できるかぎり、周りに好かれるように生きてきたつもりだ。人に好かれて損をすることはないし、嫌われるよりは好かれたほうが、いい人生を送れるのは誰にだってわかることだろう。助けてくれることが増えるし、助言をくれる人も増える。

「好かれるように」と書くと、「媚を売る」と思われる人もいるかもしれないが、決してそういう意味ではない。私が心がけていたのは、「人の悪口は言わない」「嫌なことがあっても顔に出さない」「人にやってもらってよかったことは人に返し、人にやられて嫌だったことは人にはやらない」といったところだ。

私は、誰かの悪口を聞くのも嫌だし、自分で言うのも大嫌いだ。お酒を飲んで気持ちが高揚したときに、悪口で盛り上がる人がいるが、それを言ったところで何かいいことがあるのだろうか。悪口は誰かを傷つけるだけではなく、回り回って、いずれは自分に返ってくると思うのだ。まさしく「因果応報」の言葉のとおりだ。悪口を言う人のもとには悪口が届くだろうし、言わない人のもとには届かない。私は、後者でありたいと思っている。

たまにしか見ないのだが、若者に流行りのツイッターを見ていると、愚痴のはけ口のようになっていることがある。愚痴だけで終わるのならまだいいが、特定の誰かに嚙みついたり攻撃をしたりとなると、見ていて気分が良くない。匿名で自分が言いたいことだけを吐き出して相手を傷つける。匿名ゆえに、その発言に責任を持とうともしない。

今年5月に、女子プロレスラーの木村花さんが、ツイッター上の誹謗中傷に悩み苦しみ、自殺をしてしまった悲しい出来事があったが、言葉は凶器になりうるのだ。顔と顔を合わせた状態でも、ツイッターで書き込んでいるようなことが言えるのだろうか？

言葉によって人は育つ一方で、言葉によって人は傷つき、悩み、悲しむ。ツイッターだけではない。メールやＬＩＮＥは、短文ですぐに気持ちを伝えられるだけに手軽に利用できるが、その手軽さゆえに人を傷つけてしまうことも多い。

「自分が言われたらどう思うか」

この考えを少しでも持てれば、暴力的な言葉を吐くことはなくなるのではないか。言葉に責任を持つ。そうすることが、仲間を増やし、人に好かれることにもつながっていくと思う。

選手たちにも、こういった話をよくしている。野球がうまくなることよりも、はるかに大事なことだ。１５０キロのストレートを投げようとも、とてつもないホームランを打とうとも、人の痛みがわからないような人間であっては、周りから応援してもらえない選手になってしまう。助けてくれる仲間も増えていかないだろう。

〝野球バカ〟になるような高校3年間の取り組みであれば、長い時間をかけて練習に励んできた意味が薄れてしまう。それも元をたどれば、指導者の責任であり、高校生を預かる責任というのは言うまでもなく重い。

人の価値観は違うのが当たり前

高校野球界にはさまざまな考えを持った監督がいる。

厳しい指導で知られるのが、浦和学院の森士監督だが、私は周りが何と言おうとも、森監督のことが好きだ。あそこまでエネルギーを持って指導し、なおかつ結果を残している監督もなかなかいないだろう。

聖光学院の斎藤智也監督も、勝てば勝つほどいろいろな声が出てきていると思うが、斎藤監督のことも好きだ。苦労していた部長の頃からよく知っている。現在、夏の福島大会13連覇中。尊敬の念しかない。とにかく話し上手で知識も豊富。生徒を引き込む話術もある。あれぐらい泣ける話を、自分もしてみたいのだがハードルが高すぎる。

大阪桐蔭の西谷浩一監督は、関東のほうまで来て、有望中学生をリクルートしているが、常に日本一を目指す学校の指揮官として、当たり前のことをやっているのだと思う。

甲子園を1年逃しただけで「大阪桐蔭が負けた」と騒がれ、私なんかとは比べものにならない重圧の中で戦っているのだろうと想像する。

十人の指導者がいれば、十人それぞれに考え方があって当然だと思っている。任された学校の環境によっても、目指す場所は変わっていく。勝利に対する考え、指導に対する考え、教育に対する考え……、十人十色であり、価値観が違うのは当たり前。どの監督も信念を持って指導にあたっていて、「この監督には敵わないな」と感じることもたくさんある。

何でこういう話をするかというと、価値観の〝違い〟を認めて受け入れることは、充実した人生を送るためには、とても大事な要素になると思うからだ。「人は違うのが当たり前」という大前提があれば、自分の価値観を無理に押し付けようともしないし、他人の言葉や行動にもイライラしなくなる。

現代社会では「多様性」がキーワードになっているが、「人にはいろんな考えがある」と知ることができれば、考えの違いを新たな学びにつなげていくこともできる。「そういう考えもあるのか」と思えるか、「おれとは違う考えだから認めない」と思うかは、大きな差になるはずだ。

人にされて嫌なことは、人にはしない

とはいえ、生きていれば、嫌なことにも直面する。毎日が楽しく幸せであればいいが、そんな人間もなかなかいないだろう。小さい子どもであれば、泣きながらケンカをしたり、露骨に不機嫌な態度を取ってみたり、思うままに感情を表すことができるが、大人になればそうはいかない。ときには、自分の感情にフタをしなければいけないときも出てくるのだ。

私が心がけているのは、何か嫌なことがあっても顔には出さない。「何だよ……」とふてくされたり、反発したりするのは、誰にでもできることだ。では、そうすることによって、何か現状が変わるのだろうか。現状を打開することができるのだろうか。ときには我慢が必要かもしれないし、一旦は受け入れて、そこから解決策を練ることも必要になってくるだろう。すぐに感情を表に出すことで、相手との関係性を悪化させることにもつながりかねない。

もし、どうしても我慢できないことがあったら、私の場合は〝反面教師〟として受け止めるようにしている。「人の振り見て我が振り直せ」ということわざがあるが、まさにその言葉のとおりだ。

「自分が同じことをされたらどう思う？」

小さい子どもが、友達に何か迷惑をかけた場合、こうして問いかけて考えさせることがあると思う。この考えは大人になっても一緒だ。他人の良いところは真似をして、悪いと思ったところは、自分ではやらないようにする。「こういうことをされたら、人は嫌がるよな」と自分が思ったのなら、人にやらなければいいのだ。良いと思ったことを広めていけば、今よりももっと生きやすい世の中になると思うのだが、どうだろうか。

似たような考え方になるが、竜ヶ崎一を率いているときから、「人にやってもらってよかったことは人に返し、人にやられて嫌だったことは人にはやらないようにしなさい」と子どもたちに伝えてきた。

簡単な例になるが、誰かから「ありがとう」と言われて、心地いい気持ちになったのなら、今度は自分が誰かに感謝の気持ちを伝えていく。「やってもらってよかったこと」に気づき、それを行動に変えていくことができれば、自然に信頼できる仲間が集まり、それが充実した人生を送ることにもつながっていくと、私は思っている。

苦手な人には極力会わない

木内さんを語るときにも触れたが、木内さんも私も「人を恨み続けない」という共通点を持っている。何か嫌なことをされたとしても、その人のことを「あの野郎!」とずっと恨み続けることができないのだ。恨んでいる時間が無駄だし、恨み続けることもエネルギーがいる。それに、時が経てば解決していくことも多い。むしろ、ずっと恨んでいる人のことを、すごいなと見てしまう。

そんな私にも、この人とは合わないなと感じる「苦手な人」がいる。誰にだって、生きていくうえでひとりやふたりはいるだろう。もちろん、価値観に違いがあることは十分にわかったうえでのことだ。私が心がけているのは、「苦手な人には会わない」ということだ。「そんな対処法でいいの?」と思われるかもしれないが、顔を見てしまうから、イライラ、モヤモヤする感情が生まれてしまう。往々にして、私が苦手だと感じる人は、相手も私のことを苦手と認識していることが多い。なおのこと、わざわざ会う必要はないのではないか。

竜ヶ崎一で授業を持っていたとき、「この子は、どうにもおれと合わないな」と感じる生徒がいた。クラス全員の前で「あんたとはどうもウマが合わない」と面と向かって言ったこともある。今だったら、さすがにそんなことはしないが、当時は私もまだまだ若かった。

社会に出れば、苦手な人とどうしても会わなければいけないことも出てくる。特に野球の世界は広いようで狭いので、何かの集まりで顔を合わせることもある。そもそも、私は会合やパーティーのようなものが好きではないので、めったに行くことはないのだが……、もし会ったときには、そこは大人の対応をするしかない。私があいさつをして空気が緩むのであれば、先にあいさつに行っておく。

勘違いしてほしくないのは、「嫌いな人」ではなく「苦手な人」というところだ。「嫌い」と「苦手」は違う。好き嫌いを語るには、相手の人間性までしっかりと理解する必要がある。でも「苦手」というのは、まだそこまでの深い付き合いがない。だから、「嫌いな人」と思うことは、その人に失礼にあたると私は思っている。

噂に左右されずに生きる

長いこと監督をやっていると、あることないことさまざまな噂が広まる。もう、それが当たり前だった。竜ヶ崎一で解任騒動が起きたときには、ありもしない噂話を流す人もいれば、常総学院の監督に就く前は「木内さんとの間で、だいぶ前から決まっていたんじゃないか」と言われたこともあった。

人間は、他人の噂話が大好きだ。「〜らしいよ」と、さも本当っぽい話を耳にすると、それを周りの人に広げていく。ツイッターには「リツイート」という機能があるらしいが、それと同じだ。本当のことなのかどうかもわからないのに、面白そうな話があると、どんどん拡散されていく。

長く生きているとわかるが、噂の大半は根も葉もない話だ。その噂に尾ひれがついて、人から人に回るたびに、どんどん大きくなっていく。若い頃は、こうした噂に悩まされたこともあったが、歳を取ってからは「勝手に言わせておけよ」と落ち着いて対処できるようになった。

あるときは「持丸が夜の街で飲んだくれている」という噂が流れて、笑ってしまった。私はお酒が苦手で、ほとんど飲まない。だから、私であるはずがないのだ。

噂が気になるのは、仕方のないことだと思う。でも、それによって心が乱されてしまうのはもったいない。絶対にやってはいけないのが、噂に乗せられて自分自身が熱くなり、誰かを陥れようとしてウソの話を流すことだ。「人にやられて嫌なことはやらない」とは、こういうことである。やり返したとしても、誰も救われない。

噂に左右されないためには、自分自身を信じること。そして、本当に信頼できる仲間を信じること。これに尽きると思う。味方になってくれる仲間が必ずいる。

「責任」が人を育てる

人間は、攻撃する側に立ったほうが簡単だ。

政治の世界を見れば、与党よりも野党のほうが言いたいことを言えるだろう（決して、政治批判ではなく）。でも、いざ与党の立場に立って、法案を決めていくとなったら、野党のときと同じようにはいかないはずだ。国民から反対意見が出ていようとも、通すべき法案であるのなら、多少強引であっても通さなければいけないときもある。与党と野党では立場が違うといってしまえばそれまでだが、どんな世界でも上に立っている人間のほうが責任は重い。

私は27歳から監督になり、組織の中では上にいる立場の人間になった。同じ指導者であっても、やはりコーチと監督とでは立場がまったく違う。コーチのときも、チーム全体のことを考えようと思ってはいたが、勝敗に対する責任や重圧は監督になってみなければわからないことがあった。

決して「監督が偉い」と言いたいのではなく、その場に立ってみてこそ、わかることがたくさんあるということだ。こうした責任の重さが、知らず知らずのうちに人を成長させていく。

高校生にあてはめて考えれば、レギュラーにはレギュラーなりの責任がある。背番号1をつける者には、エースにしかわからない責任がある。一度でも責任ある立場に就けば、そのあとレギュラーから外れたときにも、仲間の大変さに心を寄せることもできるはずだ。

専大松戸の選手たちには、「責任ある立場になりなさい」と伝えている。その他大勢になるのではなく、「お前がいなければダメだ」という中心的な立場になることで、自分のワンプレーや、ひとつの言葉がけによって、良くも悪くもチームが変わることを実感できるはずだ。

周りではなく、自分自身の意識を変える

「いまどきの子は〜」という言い方をよく耳にするが、私は一度も思ったことがなければ、そんな表現を使ったこともない。昔に比べれば、子どもたちの体力が落ちているのは感じるし、親との距離が近くなったのもたしかに感じる。でも、それを「いまどきの子は〜」と一括りに表現するのは、違うように思うのだ。どこか、子どもたちに責任を負わせているようにも感じてしまう。

高校野球の指導者は、15歳から18歳の子どもたちを預かっている。およそ50年近く、

この時期の子どもたちを見てきたわけだが、気持ちの面では何ら変わりはないと感じる。甲子園に出たい気持ちは変わらないし、純粋なところも、幼いところも、野球が好きなところも、たまに悪いことをして怒られるところも、ほとんど変わっていない。

私が思うに、指導者のほうが「子どもたちが変わった」と感じてしまうことに問題があるのではないか。本当に変わっていると感じるのなら、指導者側の意識や考え方を変えればいいだけの話だ。子どもたちを変えたいと思うのなら、まずは大人が変わる。その大人の姿勢を見て、子どもたちの考えにも変化が見えてくる。「意識を変えろ！」と言っている指導者が多いが、「子どもらに言う前に、まずは指導者だろう」というのが私の本音だ。

偉そうに言っている私も……、最近は「おれの意識を変えないといけないな」と考えさせられることがある。ひとつの例を挙げると、控えの選手からレギュラー陣に「しっかりやれよ！」とできないプレーに対して指摘する声が飛ぶようになった。これを、コーチ陣が褒めている。若い人たちは当たり前と思うかもしれないが、昭和の時代を生きた私からすると、違和感があるのだ。なぜかというと、私の時代は「そんなこと言うなら、お前はできんのか！」という世界だったからだ。必然的に、レギュラーが発言権を持つようになっていく。

でも、今は違う。たとえレギュラーになれる実力を持っていなくても、レギュラーを遠慮なく叱ったり、指摘できたりする選手が称えられる。監督である私が、こういう選手のこともしっかり評価して認めてやることが、今の時代の高校野球なんだと思うようになった。私の中での意識改革のひとつである。

人間の心には〝善〟と〝悪〟が同居している

人間の心には、〝善〟と〝悪〟の両方が同居している……というのが私の考えだ。どこからどう見ても〝いい人〟に思える人でも、心の奥を覗くと、悪い心が潜んでいると思うのだ。そのうえで、〝善〟の行いが生まれるのが、人間の面白いところではないだろうか。

何度も「子どもを信じる」と書いているが、そういうことをすべてひっくるめての想いだ。100メートルダッシュを10本やるときでも、手を抜いたほうが楽に決まっている。指導者が見ていないとわかれば、手を抜いても誰かに怒られるわけではない。でも、そういった〝悪〟の誘惑に負けずに、自分を律して取り組む。心の葛藤に打ち克っている姿を見ることが、指導者としてとても嬉しいのだ。

コロナウイルスによる臨時休校期間中、選手たちはできる環境の中で目いっぱい取り組んでくれていたと思う。こんなにも選手のことを見られなかったのは初めてであるが、まったく心配はしていなかった。あの子たちなら「少しは楽したいな……」という心を持ちながらも、楽な方向に流されずにちゃんとやっていると信じていた。

専大松戸は、自宅からの通学ということもあり、スマホの所持を自由にしている。立場上、部長の森岡が使い方の指導はしているが、「彼らであれば、変なふうに使うこともないだろう」と思っている。普段から、人として大事にすべきことを話していて、それがちゃんと伝わっていると信じているからだ。「使い方が心配だから、すべて規制。使わせない！」とするよりも、「お前らのことを信じているからな」と任せたほうが、子どもたちも自覚を持つのではないか。

それに、もし何かあれば、監督が責任を取って辞めればいいだけの話だ。それぐらいの覚悟は持っている。子どもたちも、何か問題が起きたときには、自分ひとりだけの話ではなくなることぐらい認識しているだろう。

在校生のことをこれだけ信じているのだから、卒業生になればもっと信頼を寄せる。専大松戸に限らずの話だが、多感な時期の高校生が、私の教えを3年間受けて、たくさんの仲間とひとつの目標に向かって頑張ったのだから、他人に迷惑をかけるようなことはしないはずだ。それは、私の勝手な思い込みかもしれないが、指導者が信じてやらなければ、誰が信じるのかという気持ちもある。信じて、信じて、生きていく。それが、持丸修一の生き方だ。

趣味を目一杯楽しむ

人生を楽しむためには、趣味も大事だ。野球だけの生活になってしまったら、人としての幅がどんどん狭まり、子どもたちの心に響く言葉も言えなくなってしまう。

一番の楽しみは、旅行だ。グアムに知り合いがいた関係で、年末に家族や友人と一緒に、1週間近く旅行に行くこともある。何をするわけでもないのだが、のんびり過ごす時間が何より好きだ。野球のことは完全に忘れ、ゆったり流れる時間に身を任せる。

グアムもいいが、個人的に一番好きなのがイギリスだ。ロンドンやパリのような大都市ではなく、お気に入りは北西部にある湖水地方だ。「湖水」の名のとおり、16の湖と500近くある池が特徴で、イギリスでもっとも自然が美しい場所ともいわれている。湖が本当に美しくて、ここに行くだけで心が癒され、日本に戻ったときに頑張る活力をもらえるのだ。言葉で言ってもなかなか伝わらないと思うので、旅好きの人がいれば、ぜひ足を運んでみてほしい。

ちなみにイギリスには、私が竜ヶ崎一を辞めるとき「野球を続けろ」と言ってくれた当時の教育長である斉藤先生や、茨城県高野連の会長も務めた染谷信洋先生らとも何度かご一緒させていただいたが、本当にいい思い出ばかりだ。

私は温泉も好きで、少し休みができたときには、女房と足を延ばす。監督を辞めるときが来たら、温泉に行く機会が間違いなく増えるだろう。たぶん、女房はそれを楽しみに待っているはずだ。

スーパー銭湯やサウナも大好きだ。でも、家から近い場所に行くと「持丸監督ですか?」と見知らぬ人からよく声をかけられるので、できれば避けたい。野球をやっているときであれば仕方ないとも思っているが、プライベートで声をかけられるのはちょっと苦手だ。

あとは、ゴルフ。教え子から、「監督さん、コースを予約しておきました」とよく連絡が来るのだが、必ず「18ホール回ってくださいね」と念押しが入る。なぜかというと、ラウンドを回り始めても、途中で飽きてしまって、勝手にホールアウトしてしまうからだ。70歳を過ぎた親父が、18ホールも回るのはなかなかきついものである。

始まりには終わりがある。終わりには、また始まりもある。しかし、一番大切なのは「今」だ。今なくして、始まりも終わりもない。尾関先生の「今ここで頑張らずにいつ頑張る」という言葉を胸に、この先の人生もそれを実践して頑張っていこうと思う。人生は一回。その一回の人生を後悔することなく、「今」を実感して感動を求めながら、一日一日を大切に生きていきたいと思う。

おわりに

野球を始めてから、ずっと自問自答していたことがある。

果たして、おれは野球が好きなのだろうか——？

選手として野球を続けられたのは、友達のおかげであり、指導者になったのも恩師からの誘いだった。どちらも、自分の強い意志で選んだわけではない。監督になってからも、「おれは監督に向いているのだろうか？」と自分の心に問いかけながら戦ってきた。親しい仲間に「おれは野球、そんなに好きじゃねぇと思うんだよな」と話すと、「好きじゃないやつが、70歳過ぎても監督やっているわけねぇだろう」と返してくる。普通に考えれば、たしかにそうだろう。

でも、一方では「好きかどうかわからなかったから、ここまで続けられた」とも感じる自分がいる。野球がないと生きていけないぐらいに好きだったら、勝ちにとことんこだわる人間になっていたのではないか。勝つことが絶対で、技術や体力を伸ばすことばかり考える監督になっていたかもしれない。だから、好きかどうかわからないぐらいの感情が、結果的にはちょうどいいバランスだったと思うのだ。

こうして、はっきりした答えが出ないまま、監督生活は終わるものだと思っていた。白でも黒でもない、グレーな感情。それも悪くはないだろう。

しかし――、今年の春、新型コロナウイルスという未知の感染症によって、およそ3か月にもわたり「臨時休校＝部活動休止」の予期せぬ事態に遭遇した。「監督」という肩書きがありながら、これほどまで長くグラウンドを離れたのは初めてのことだ。外出するわけにもいかず、ほとんどの時間を自宅で過ごした。

はじめのうちは「野球がないと、時間がゆっくり流れるな」ぐらいにしか思っていなかったのだが、3週間、4週間と経っていくと、野球がある日常、子どもらと触れ合う日常がどれほどありがたいことだったのか気づくようになった。今まで、野球からどれだけの幸せをもらっていたのか、どれだけの元気をもらっていたのか。恥ずかしながら、この歳になってようやく実感することができた。

そう思うということは、私はきっと野球が好きなのだろう。やはり、好きでなければ、何事も長くは続けられない。自問自答していた日々があったからこそ、気づけた感情だったと思う。

私は来年の4月で73歳になる。自分よりも年上の監督がどんどん減ってきて、本当に寂しい。専大松戸の富山理事長は「一番上になるまで、最後まで続ければいいじゃないですか」と言うが、監督という席にしがみついているようで、あまり気乗りがしない。コーチの小林や清原には、「お前らさ、『おれに監督やらせてください！』とかないの？」と言っているのだが、一向に言ってこない。遠慮しないで、ガンガン来てほしいのだが、さすがに言いにくいか……。

全国の強豪校を見ていると、監督の世代交代は本当に難しい問題だ。「名将」が長く務めた学校ほど、世代交代に苦労しているように感じる。専大松戸の場合は、私が30年も40年もやったわけではないので、新監督にスムーズに移行できると思っているのだが、果たしてどうか。

心に決めていることは、監督を辞めた瞬間から「絶対にグラウンドには行かない」ということだ。私が行けば、新監督は絶対に気になるし、いらぬ気も遣う。選手たちも、「元監督」が来たら、いつもとは違う緊張感が出てくるだろう。だから、私には「総監督」という肩書きも必要ない。

現実的な話をすると、「持丸監督のもとでやりたい」という新入生がいる限りは、現場を退くことができない。特に、私が声をかけた子たちであればなおさらだ。そこには、声をかけた責任がある。

ただ、先を見るのは好きではないし、私の生き方にも合わない。大事なのは、今この瞬間だ。今に全力を注いだ結果として、一日でも長く、子どもらと甲子園を目指して戦うことができれば嬉しく思う。ようやく気づいた、野球が好きな気持ちを大切にして、子どもらの「甲子園に出たい」という強い想いを全力でサポートしていく。

欲を言えば、辞める前に〝みんなの甲子園〟をもう一度味わいたい。選手、保護者、学校、卒業生、関係者、地域のみなさんが、心から喜ぶ顔を見たい。それが、監督として叶えたい最終的な目標である。

最後に、70数年の人生で、私を支えてくれた数えきれないくらい多くのみなさまに、深い感謝の意を伝えたい。

２０２０年6月末日　専大松戸高校野球部監督　持丸修一

信じる力

2020年 7 月29日　初版第一刷発行

著　　　者／持丸修一

発　行　人／後藤明信
発　行　所／株式会社竹書房
〒102-0072
東京都千代田区飯田橋 2-7-3
☎03-3264-1576（代表）
☎03-3234-6208（編集）
URL http://www.takeshobo.co.jp

印　刷　所／共同印刷株式会社

カバー・本文デザイン／轡田昭彦＋坪井朋子
協　　　力／専大松戸高校野球部
カバー写真／産経新聞社
編集・構成／大利 実

編　集　人／鈴木 誠

Printed in Japan 2020

乱丁・落丁の場合は当社までお問い合わせください。
定価はカバーに表示してあります。

ISBN978-4-8019-2336-2